Eschenstr., Frd., C 8-9
Esmarchstr. NO, H 4
Esplanade, Pkw., G 1-2
Essener Str. NW, C D 4
Ettersburger Weg, Wss., J 2
Eulerstr. N, F 2
Evastr., Frd., C 8
Exerzierstr. N, E 2
Eyke-von-Repkow-Platz NW, C 5
Eylauer Str. SW, E 7-8

Fabriciusstr., Charl., A B 4
Falkenberger Str., Wss., K 2
Falkensteiner Str., Wi., B 8
Falckensteinstr. SO, J 6-7
Falkoniergasse W, G 5
Falkstr., Neuk., H 8
Falkplatz N, G 2
Fasanenplatz W, Wi., C 6
Fasanenstr. W, Charl., C 6-7
Fasanerieallee W, D 5
Fehlerstr., Frd., C 8
Fehmarnstr. N, D 3
Fehrbelliner Platz, Wi., B 7
Fehrbelliner Str. N, G 3-4
Feilnerstr. SW, G 6
Feldstr. N, F 3
Feldtmannstr., Wss., K 1
Feldzeugmeisterstr. NW, D 4
Fennstraßenbrücke N, E 3
Fennstr. N, E 3
Feurigstr., Schbg., D 8
Fichtestr. S, G 7
Fidicinstr. SW, F 7
Finnländische Str. N, G 2
Finowstr., Lchtb., K 5
Finowstr., Neuk., J 8
Fischerbrücke C, G 5
Fischerstr. C, G 5
Flandernstr. NO, H 2
Flemingstr. NW, D E 5
Flensburger Str. NW, D 5
Fliederstr. NO, H 4
Flinsberger Platz, Schm., A 8
Floraallee W, NW, E 5
Floraplatz W, E 5
Flotowstr. NW, C 5
Flottwellstr. W, E 6
Flughafenstr., Neuk., Te., F 8-H 8
Föhrer Brücke N, D 3
Föhrer Str. N. D 3
Fontanepromenade S, G 7
Fontanestr., Neuk., H 8
Forckenbeckplatz O, K 5
Forckenbeckstr., Schm., A B 8

Forster Str. SO, H 7
Framstr., Neuk., H 7
Frankenstr., Schbg., D 7
Frankfurter Allee O, Lchtb., J K 5
Frankfurter Str. C, H 5
Franklinstr., Charl., C 5
Frankstr., Charl., A 4
Franseckistr. N, G H 3
Franzensbader Str., Schm., A 8
Franz-Joseph-Str., Wss., K 1
Französische Str. W, F G 5
Franzstr. SO, G H 6
Fraunhoferstr., Charl., B C 5
Fredericiastr., Charl., A 5
Fregestr., Schbg., C D 9
Freiarchenbrücke, Obere SO, J 7
Freiarchenbrücke, Untere W, C 5
Freienwalder Str. N, F 2
Freiherr-vom-Stein-Str., Schbg.,
Freiligrathstr. S, G 7   [C 8
Freisinger Str., Schbg., D 7
Friedbergstr., Charl., A 6
Friedeberger Str. NO, J 4
Friedelstr., Neuk., H 7
Friedensallee W, E 5
Friedenstr. NO, H 4-J 5
Friedenthalstr., Da., A 8-9
Friedrichbrücke C, G 5
Friedrich-Junge-Str., Stralau, K 7
Friedrich-Karl-Platz, Charl., A 5
Friedrich-Karl-Str., Lchtb., K 4
Friedrich-Karl-Ufer NW, E 4
Friedrich-Krause-Ufer N, Plötzen-
  see, C 4-E 4
Friedrich-Liszt-Ufer NW, E 4
Friedrichsberger Str. NO, H 5
Friedrichsfelder Str. O, J 5
Friedrichsgracht C, G 5
Friedrichshain, H J 4
Friedrichshaller Str., Schm., AB 8
Friedrichsruher Str., Wi., A 7
Friedrichstr. SW, W, NW, N, F 4-6
Friedrichstr., Wss., J 2
Friedrich-Wilhelm-Platz, Frd. C 9
Friedrich-Wilhelm-Str. W, D 6
Friesenstr. SW, F 7-8
Friesickestr., Wss., J 2
Fritschestr., Charl., A B 5-6
Fritz-Reuter-Str., Schbg., D 8
Fritz-Schulz-Str. N, D 2-E 3
Fröbelstr. NO, H 3
Frobenstr. W, E 6-7
Frommelstr. C, G 4-5
Fruchtstr. O, H 6-J 5
Fuldastr., Neuk., H J 8

Please return to

literatur Haus Berlin

Fasanenstraße 23

DATA

2011

January

M	T	W	T	F	S	S
					1	2
3	4	5	6	7	8	9
10	11	12	13	14	15	16
17	18	19	20	21	22	23
24	25	26	27	28	29	30
31						

February

M	T	W	T	F	S	S
	1	2	3	4	5	6
7	8	9	10	11	12	13
14	15	16	17	18	19	20
21	22	23	24	25	26	27
28						

March

M	T	W	T	F	S	S
	1	2	3	4	5	6
7	8	9	10	11	12	13
14	15	16	17	18	19	20
21	22	23	24	25	26	27
28	29	30	31			

April

M	T	W	T	F	S	S
				1	2	3
4	5	6	7	8	9	10
11	12	13	14	15	16	17
18	19	20	21	22	23	24
25	26	27	28	29	30	

May

M	T	W	T	F	S	S
						1
2	3	4	5	6	7	8
9	10	11	12	13	14	15
16	17	18	19	20	21	22
23	24	25	26	27	28	29
30	31					

June

M	T	W	T	F	S	S
		1	2	3	4	5
6	7	8	9	10	11	12
13	14	15	16	17	18	19
20	21	22	23	24	25	26
27	28	29	30			

July

M	T	W	T	F	S	S
				1	2	3
4	5	6	7	8	9	10
11	12	13	14	15	16	17
18	19	20	21	22	23	24
25	26	27	28	29	30	31

August

M	T	W	T	F	S	S
1	2	3	4	5	6	7
8	9	10	11	12	13	14
15	16	17	18	19	20	21
22	23	24	25	26	27	28
29	30	31				

September

M	T	W	T	F	S	S
			1	2	3	4
5	6	7	8	9	10	11
12	13	14	15	16	17	18
19	20	21	22	23	24	25
26	27	28	29	30		

October

M	T	W	T	F	S	S
					1	2
3	4	5	6	7	8	9
10	11	12	13	14	15	16
17	18	19	20	21	22	23
24	25	26	27	28	29	30
31						

November

M	T	W	T	F	S	S
	1	2	3	4	5	6
7	8	9	10	11	12	13
14	15	16	17	18	19	20
21	22	23	24	25	26	27
28	29	30				

December

M	T	W	T	F	S	S
			1	2	3	4
5	6	7	8	9	10	11
12	13	14	15	16	17	18
19	20	21	22	23	24	25
26	27	28	29	30	31	

Fünfundzwanzig Jahre   *Literaturhaus Berlin*

»Die Vorgeschichte des Literaturhauses beginnt mit einer Tonfolge erschreckender Geräusche: mit Schaben, Knirschen, Rauschen und dem Singen berstenden Eises. Das dazugehörende Bild erinnert an eine Erfindung Caspar David Friedrichs. Ein abgewracktes Segelschiff wird von sich auftürmenden Eismassen vor der Küste Grönlands emporgehoben und zerpreßt, bis es vor den Augen der Mannschaft, die sich auf eine Eisscholle gerettet hat, im Wasser versinkt. Die Seeleute überleben in einem Haus aus Kohle und Schnee; man kämpft mit Bären, Robben und Raben. Ein deutscher Wissenschaftler wird verrückt, ein Mann liest Gedichte, andere führen Tagebuch, während die Scholle birst und südwärts driftet. Nach neun Monaten voller Angst, Hunger, Kälte und Entbehrungen erreichen die Männer eine deutsche Missionsstation auf Grönland, und RICHARD HILDEBRANDT, der Erste Steuermann der untergegangenen *Hansa*, erweckt mit den Klängen seiner Spieluhr ein dahinsiechendes Kind zu neuem Leben.« So HERBERT WIESNER in dem Hörspielbuch *Haushören* von 1990, in dem wir fünf Radiostücke von JOY MARKERT, FRITZ MIKESCH, BARBARA STROHSCHEIN und FRANK WERNER veröffentlichen, die sich mit der Geschichte des Hauses Fasanenstraße 23 beschäftigen. CARL PETER STEINMANN und SEBASTIAN JANUSZEWSKI erzählen diese Geschichte weiter bis zum 29. Juni 1986, als das Haus unter dem Namen Literaturhaus Berlin eröffnet wurde, um einen öffentlichen Raum zu schaffen für Geschichten und Gedichte, Ausstellungen und Gesprächsrunden, große und kleine Romane, die sich bei ihrer öffentlichen Vorstellung einzufügen scheinen in den Geist eines herrschaftlichen Charlottenburger Hauses, das privates Wohnhaus war, Garküche, Clubhaus der Alexander von Humboldt-Stiftung, Lazarett, Pension, Yogaschule, Varieté und Bordell. Übermächtig scheinen die Legenden um dieses Haus sich vorzudrängen und alle anderen Geschichten, zumal die der letzten fünfundzwanzig Jahre, überlagern zu wollen. Sie lassen sich tatsächlich nicht alle erzählen: Etwa jene von IMRE KERTÉSZ' erster Lesung in Berlin, AHARON APPELFELDs erstem Besuch, bei dem er angesichts unseres Ausstellungsbuches *In der Sprache der Mörder. Eine Literatur aus Czernowitz, Bukowina* mitten im englischen Satz in sein wunderschön melodiöses bukowiner Kindheitsdeutsch wechselte, das er nie wieder zu sprechen sich vorgenommen hatte, HANS CARL ARTMANNs Schreib-Tage in seinem Apartment unter dem Dach, als die mechanische Olympia-Schreibmaschine ihm derart beglückende Gedichte aufs Papier klapperte, daß er nach anderthalb Jahrzehnten, als er in Österreich keine Schreibmaschine dieser Art mehr auftreiben konnte, uns genau diese Olympia für seine letzten Gedichte abkaufte. (Das Wort »abkaufte« steht hier nur für eventuelle Leser aus der Berliner

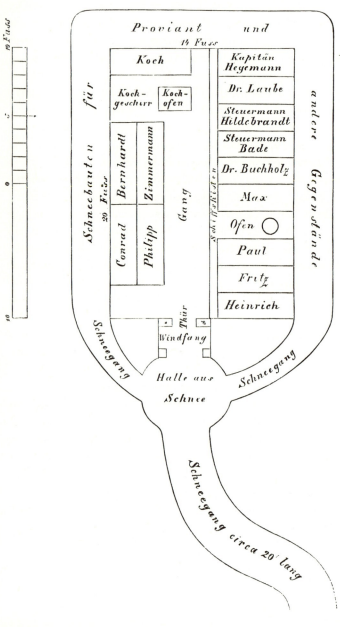

Kulturverwaltung, denn selbstverständlich haben wir ihm diese Schreibmaschine geschenkt.) Die Geschichte von jenem Dramatiker, der gegen fünf Uhr früh an der Tür unseres ungarischen Hausmeisters klingelte und fragte, ob er bei ihm duschen dürfe, worauf er von diesem gefragt wurde, ob ihm die Dusche in seinem Apartment etwa nicht gefalle. Die amourösen Abenteuer dieses oder jenes Gastes verschweigen wir selbstverständlich, zumal uns eben die weibliche Form für Gast nicht einfallen will – und Einseitigkeit war noch nie unsere Sache. Dafür lassen wir in diesem »Hausbuch« Dichter und Schriftsteller beiderlei Geschlechts sprechen, die uns erzählen, was sie in und mit diesem Haus erlebt haben, und wir schweigen von jenen, die zeternd und schimpfend erklärt hatten, niemals in einem Literaturhaus auftreten zu wollen, um kurz darauf freundlich und bestens gelaunt hier aus ihrem neuen Buch zu lesen.

Erinnern wollen wir aber an die Kellnerin INGE SEMBRITZKI, die schon den Eröffnungsgästen des Literaturhauses Berlin den Begrüßungssekt serviert hatte und in späteren Jahren von manch einem Gast als Chefin angesprochen wurde. Sie starb kurz vor ihrem achtzigsten Geburtstag am 29. März 2010; wenige Tage davor hatte sie noch als »Frau Inge« ihre Gäste bedient.

Wir danken dem Verein der Freunde und Förderer des Literaturhauses Berlin für die finanzielle Unterstützung dieser Publikation, unserer Buchhandlung »Kohlhaas & Company« und dem Café-Restaurant »Wintergarten« für viertelhundertjährige »Komplizenschaft«. Wir freuen uns auf weitere fünfundzwanzig Jahre mit herausragenden Autoren, sehenswerten Ausstellungen und einem fordernden Publikum.

ERNEST WICHNER

Abb. 1+2 aus *Die zweite deutsche Nordpolarfahrt in den Jahren 1869 und 1870 unter Führung des Kapitän Karl Koldewey*. Hrg. vom Verein für Deutsche Nordpolarfahrt in Bremen, Leipzig 1873. [*Slg.* G. K. Bose]. Die Abbildungen zeigen die Ansicht und den Grundriß des nach der Havarie der *Hansa* auf einer treibenden Eisscholle von den Überlebenden errichteten Hauses.

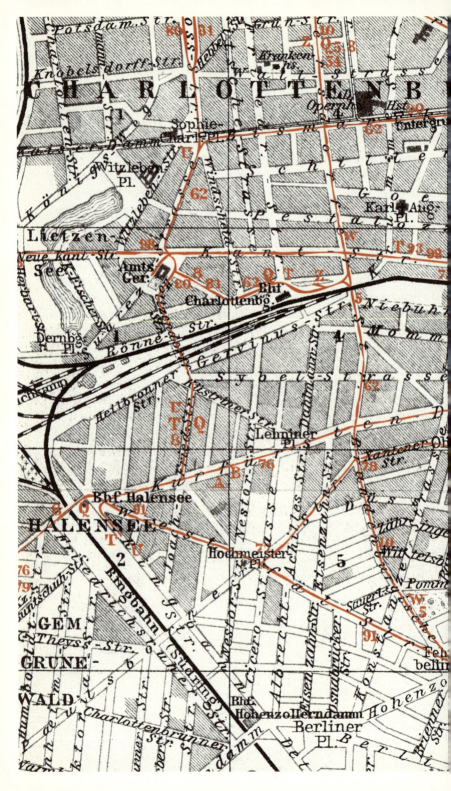

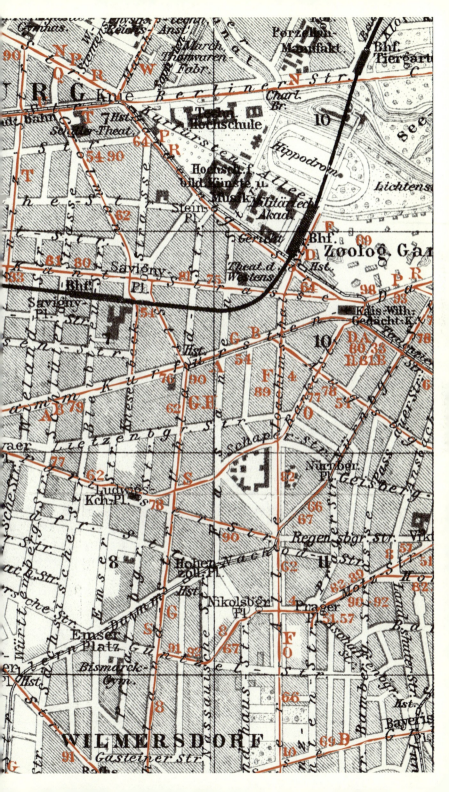

Abb. 3: »Die Hansamänner auf der Eisscholle«, aus: G. Mensch, *Die beiden ersten deutschen Nordpolfahrten auf der Germania und Hansa. 1868–1870*. Leipzig o. J. [um 1880]. [*Slg*. G. K. Bose]. Frontispiz.

Vom Nordpol nach Charlottenburg
Das Wintergarten-Ensemble in der Fasanenstraße

Am 13. Juli 1911 erschien die *Magdeburgische Zeitung* mit einer Sonderbeilage zum Tod des Korvettenkapitäns a. D. RICHARD HILDEBRANDT. Der in Magdeburg als Sohn eines Pastors geborene Seefahrer war einen Monat zuvor, im 68. Lebensjahr, an den Folgen eines Schlaganfalls in Baden-Baden verstorben.

Mit 16 Jahren, berichtet der Artikel, ging Hildebrandt nach Hamburg, um als Schiffsjunge auf einem Frachter anzuheuern. Zehn Jahre später, inzwischen hatte er schon alle Weltmeere befahren, erwartete ihn das große Abenteuer. Am 15. Juni 1869 starteten die beiden Schiffe Germania und Hansa von Bremerhaven zur zweiten deutschen Nordpolarfahrt. Ein außerordentliches Ereignis, dem auch König Wilhelm I. beiwohnte, der stolz winkend zwischen den zahlreichen Schaulustigen am Kai stand. Richard Hildebrandt, gerade 26 Jahre alt, hatte bereits ein Jahr zuvor an der ersten Nordpolexpedition teilgenommen und fuhr nun unter Kapitän Hegemann als Erster Offizier auf der Hansa.

Nach vier Wochen hatten beide Schiffe, deren Aufgabe darin bestand, einen eisfreien Weg zur Ostküste Grönlands zu finden, das nordische Eismeer erreicht. Durch dichten Nebel und unbefahrbare Eismassen wurden beide Expeditionsschiffe voneinander getrennt. Die Hansa versuchte daraufhin auf eigene Faust die grönländische Küste zu erreichen, was aber nicht gelang, da am 14. September das Schiff endgültig im Eis gefangen war. Der Besatzung wurde bewußt, daß die Hansa der Kraft der ständig nachschiebenden Eismassen nicht lange standhalten konnte. Alles Brauchbare wurde vom Schiff geschafft, und die Seeleute errichteten auf einem Eisfeld von etwa sieben Seemeilen Umfang aus Kohlen, Schnee und Eis ein schützendes Haus. Die Wände verkleideten die Matrosen mit Segelleinwand und Decken, in der Raummitte stand der von der Hansa geborgene Kochofen.

Am 23. Oktober 1869, um zwei Uhr morgens, zerquetschte das Eis unter lautem Krachen das Schiff, das innerhalb von wenigen Minuten sank. Verloren gingen dabei die bisher angelegten wissenschaftlichen Sammlungen der Expedition und fast alle Instrumente. Auch Hildebrandts Plattenkamera und die belichteten Fotoplatten versanken mit dem Schiff. Zum Glück blieben die beiden Rettungsboote der Hansa unbeschädigt. Die 14 Seeleute hofften nun, daß sie auf ihrer riesigen Eisscholle vom Wind nach Süden getrieben würden, in eine Region, wo Rettung denkbar wäre. Die monatelange Gefangenschaft auf der Eisscholle brachte neben Angst, Hunger, Kälte und Entbehrungen auch zahllose Gefahren mit sich.

Mehrfach wurden Mitglieder der Expedition von Eisbären angegriffen. Trotzdem feierten sie in dieser aussichtslos scheinenden Situation das Weihnachtsfest und den Jahreswechsel. Hildebrandt hat in seinem Tagebuch beschrieben, wie sie an einem Holzstock Besenreisig befestigten, um zum Fest einen Christbaum aufstellen zu können. Gefaltete Papierketten und selbstgebackene Lebkuchen bildeten den Schmuck des Weihnachtsbaums.

Verhängnisvoll begann das Jahr 1870 für die Schiffbrüchigen. Das Eisfeld trieb nun dicht vor der ostgrönländischen Küste in einer Bai. Während eines Schneesturms schreckte plötzlich lautes Donnern und Krachen die Männer aus dem Schlaf. Sie mußten feststellen, daß ihr einst so riesiges Eisfeld in zahllose Trümmer zerbrochen war und jeden Augenblick auch der Teil, auf dem ihr Haus stand, bersten konnte.

Die befürchtete Situation trat einige Tage später ein – wieder war dröhnendes Krachen zu vernehmen, und ihre Eisscholle zerbrach. Das aufgestapelte, lebenswichtige Brennholz und ein Teil des Hauses wurden dabei fortgerissen. Die Seeleute fanden sich plötzlich auf zwei getrennten Schollen wieder. Das Eisfeld war extrem geschrumpft, und die Mannschaft mußte mehrere Nächte in den geretteten Booten zubringen. Dann bauten sie sich unter großen Mühen eine neue, diesmal erheblich kleinere Hütte.

Das Osterfest begingen sie in der Bucht von Nukarbik, in der das Eis mehrere Wochen trieb. Da Kap Farewell nicht mehr weit entfernt sein konnte, beschlossen die Seeleute, die Eisscholle, die sie zweihundert Tage lang getragen hatte, nun zu verlassen, um mit den Rettungsbooten das Festland zu erreichen. Nach wenigen Tagen waren sie wiederum vom Eis eingeschlossen und mußten unter erheblicher Anstrengung die Boote tagelang über die Eismassen ziehen.

Am 24. Mai unternahm Richard Hildebrandt mit zwei Matrosen den Versuch, über das Eis eine drei Meilen entfernte Insel zu erreichen. Das Wagnis gelang, und die anderen Seeleute konnten ihm folgen. Als das Meerwasser zu schmelzen begann, machten sich die Männer wieder mit ihren Booten auf den Weg. Am Rand der steil abfallenden Klippen fuhren sie an der Küste Grönlands entlang, immer wieder durch schwere Stürme bedroht. Am Morgen des 13. Juni öffnete sich vor ihnen eine breite Bucht, und endlich sahen die Seeleute erstes Grün, wenig später auch Häuser und Menschen. Sie hatten Frederickshaab, die 1827 errichtete Militärstation der Herrnhuter Brüdergemeinde, an der Südwestküste Grönlands erreicht.

Nach einer kurzen Erholungszeit wurden die Schiffbrüchigen nach Kopenhagen gebracht, wo sie am 1. September 1870, dem Tag der Schlacht bei Sedan, an-

kamen. Am nächsten Tag trafen Glückwunschtelegramme von König Wilhelm I. und Königin Augusta ein. Außerdem erfuhren sie, daß es der Besatzung des zweiten Expeditionsschiffes besser ergangen war. Die Germania konnte die Eismassen durchbrechen und erreichte den vorgesehenen Bestimmungsort an der Ostküste Grönlands. Richard Hildebrandts Mut und Besonnenheit in den Monaten der Seenot wurden allseits gelobt, und zur Anerkennung trägt bis heute ein Kap an der Ostküste Grönlands den Namen Kap Hildebrandt.

Nach seiner Rückkehr trat Richard Hildebrandt zur Kaiserlichen Marine über. In dieser Zeit verliebte er sich in die junge Industriellentochter Louise Gruson, die er 1874 heiratete. Hildebrandt fuhr weiter zur See und war 1883 Erster Offizier auf der Nymphe, die den preußischen Prinzen Friedrich Karl auf seiner großen Orientreise von Beirut nach Livorno bringen sollte. Der Prinz befand sich auf der Rückreise nach Berlin, wo kurz zuvor sein Vater Prinz Carl, der Schloßherr zu Glienicke, gestorben war. Diese Schiffspassage trägt Hildebrandt in die Literatur. Theodor Fontane schreibt über ihn in seinen *Wanderungen* im Kapitel Dreilinden: »25. März 1883 (Ostersonntag): Stürmische Fahrt. Von der Reisegesellschaft nur der Prinz und Hauptmann von Kalckstein bei Tisch. Kapitänlieutenant Hildebrandt, Erster Offizier auf der Nymphe, erzählt dem Prinzen von seiner Nordpolexpedition von 1868 bis 70. Er hat neun volle Monate mit dreizehn Gefährten auf einer Eisscholle und sieben Wochen auf offenen Booten zugebracht, dabei in steter Gesellschaft eines wahnsinnig gewordenen Gelehrten.«

Aus Briefen geht hervor, daß Hildebrandt glücklich war, als er 1886 an das dem Reichsmarineamt zugehörige Hydrographische Büro in Berlin versetzt wurde, da er nunmehr Zeit für seine Ehefrau hatte. Louise litt unter den langen Trennungen, die sein Beruf mit sich brachte, was sogar zu einer psychischen Erkrankung geführt hatte. Das Ehepaar bezog eine großzügige Wohnung am Kurfürstendamm 118. Sein reicher Schwiegervater, Kommerzienrat Hermann Gruson, der die Gruson-Werke in Magdeburg-Buckau begründet hat, ließ zwei Jahre später von einem Schüler des berühmten Architekten Stüler eine stattliche Klinkervilla mit vorgelagertem Wintergarten in der Fasanenstraße 23 bauen, die er dem Ehepaar schenkte. Der Wintergarten erinnert an die Gewächshäuser, die der Kakteensammler Gruson der Stadt Magdeburg stiftete.

Louise Hildebrandt fühlte sich der Kunst und Wissenschaft eng verbunden. Lang wäre die Liste der prominenten Freunde und Besucher des Hauses, wenn man sie alle aufzählen wollte. Darunter Offiziere, Afrikaforscher, Ägyptologen und Philosophen, aber auch Maler, Schauspieler und Musiker. Zu den Freundinnen Louises gehörte Auguste Taglioni, Hofschauspielerin im Ensemble des Königs-

Abb. 4: Richard und Luise Hildebrandt im Garten ihres Hauses, 1908, Postkarte [Archiv Literaturhaus Berlin].

lichen Schauspielhauses am Gendarmenmarkt. Sie entstammte einer berühmten Künstlerfamilie. Ihre Eltern waren das legendäre Tanzpaar Amalie Galster und Paul Taglioni, die zu ihrer Zeit ganz Berlin verzauberten. Augustes Schwester war die Primaballerina Marie Taglioni, die spätere Fürstin Windisch-Graetz.

Als die Hildebrandts ihr Haus bezogen, standen nur wenige Häuser in der Umgebung, und auch der Kurfürstendamm war noch ein Reitweg und kein Großstadt-Boulevard. Erst im Jahr 1871 hatte die Besiedlung des Neuen Westens begonnen. Das Nachbarhaus, Fasanenstraße 24, war damals das erste Haus in diesem Abschnitt der Straße. Gebaut hatte es der Maurermeister Mertens als Zweifamilienvilla für einen Kommerzienrat Schirmer. Daneben die Stadtvilla (Nr. 25) des Architekten Hans Grisebach, Mitglied der Königlichen Akademie der Künste und – rund zehn Jahre später – Erbauer des Hochbahnhofs Schlesisches Tor. Er schuf für seine Familie ein repräsentatives Wohn- und Atelierhaus in deutschem Renaissancestil. Ergänzt wurde das Ensemble durch das ebenfalls noch erhaltene Haus Nr. 26, für das wiederum der Maurermeister Mertens oder Martens, wie es im Charlottenburger Inventarband heißt, die Bauausführung übernommen hatte. In diesem Haus lebte der päpstliche Nuntius Eugenio Pacelli bis 1925 in einer Mietwohnung. 1929 wurde er nach Rom abberufen und 1939 schließlich als Pius XII. zum Papst ernannt.

Louise und Richard Hildebrandt schrieben ein gemeinsames Tagebuch, das über ihr Leben im späteren Ruhestand Auskunft gibt. Außer den gesellschaftlichen Verpflichtungen, die ein großer Freundes- und Bekanntenkreis mit sich brachte, schätzte Louise neben der Pflege des Gartens und Wintergartens tägliche mehrstündige Spaziergänge. Richard war einige Zeit Stadtverordneter der Stadt Charlottenburg. Kammermusik wurde bei den Hildebrandts gepflegt, der Hausherr spielte seit seiner Jugend Cello. Regelmäßig fanden im Haus Konzerte statt. Einmal spielte sogar Max Bruch sein bekanntes Violinenkonzert in g-Moll op. 26. Er war mehrfach zu Gast, da seine Tochter, die Dichterin Margarete Bruch, eng mit Louise befreundet war.

Im Ersten Weltkrieg ließ Louise Hildebrandt, Richard war bereits im Juni 1911 gestorben, im Haus ein Reservelazarett einrichten. Als auch sie 1916 starb, erbte die Stadt Charlottenburg die Villa und richtete eine Volksküche ein. Später geriet der Besitz wieder in private Hände. In den zwanziger Jahren wurde die Villa zeitweise von der Alexander von Humboldt-Stiftung genutzt (Anfang 1927 bis Mitte 1930), danach vom Roten Kreuz.

Die Häuser Nr. 23 bis 25 wurden von den Bomben des Zweiten Weltkrieges stark beschädigt und ihre Dächer teilweise zerstört. Nach notdürftiger Wiederherstellung eröffnete in den fünfziger Jahren im Haus der Hildebrandts vorübergehend eine Pension. 1964 befand sich im ersten Stock die Yogaschule Gerlinde Fiedler. Im Erdgeschoß hatte sich eine Striptease-Bar etabliert, die im Mai 1965 unter der Überschrift »Tod im Nachtlokal« nicht nur in der BZ Schlagzeilen machte. Ein erst vierzehn Monate altes indisches Elefantenbaby mit dem Namen Berolina war im Keller des Hauses eingesperrt und dort qualvoll verendet. Der kleine Elefant mußte jeden Abend vor den Gästen tanzen, Mundharmonika spielen und am Ende seines Auftritts eine Schönheitstänzerin entkleiden. Eine schwere Bronchitis mit nachfolgender Lungenentzündung setzte dem Leben des Tieres ein frühes Ende.

Der Flächennutzungsplan der Stadt Berlin bedrohte seit den sechziger Jahren die Villen der Fasanenstraße, das sogenannte Wintergarten-Ensemble. Die Planer wollten die gesamte westliche Randbebauung der Fasanenstraße abbrechen, um in dem derart aufgeweiteten Straßenzug Platz für eine Tunnelunterführung des Kurfürstendamms zu schaffen. Dieses Vorhaben hätte heute vermutlich einen ähnlichen Charme wie die bestehende Breitenbachplatz-Überbauung. Dann erwarb der Kaufhauskonzern Wertheim die Grundstücke. Auch hier wünschte man den Abriß, um einen Hotelneubau oder ein Parkhaus an dieser Stelle zu errichten. Als es einer Bürgerinitiative, zu der auch die Malerin Sarah Haffner und der Architekt Ludwig Leo gehörten, gelang, die Baupläne zu verhindern, verkaufte Wertheim 1983 an das Land Berlin. Die Häuser Nr. 24 und 25 übernahm die Deutsche Bank, das Haus der Hildebrandts ging an den Kultursenator. Jetzt endlich wurden die in die Jahre gekommenen Stadtvillen vor Abbruch und Vernichtung bewahrt und von Grund auf im Sinne der Denkmalpflege restauriert. Nach Fertigstellung aller Bauarbeiten im Jahr 1986 nutzte die Galerie Pels-Leusden die Häuser 24 und 25, wobei in ersterem die von Professor Pels-Leusden der Stadt gestiftete Käthe Kollwitz-Sammlung einen festen Ausstellungsort erhielt. Das Haus der Hildebrandts wurde zum Literaturhaus Berlin, im Wintergarten sowie dem Erdgeschoß bewirtet heute das Café und Restaurant Wintergarten die Gäste, und im Souterrain liegt die Buchhandlung: Kohlhaas & Company.

Mit diesem schönen Gebäude-Ensemble ist es gelungen, ein Stück Berliner Baugeschichte zu reaktivieren und mit neuem Leben zu erfüllen. Hier ist ein Signal gesetzt worden, das auf einfühlsame Weise dem jahrzehntelang vorherrschenden Abrißwahn neue Werte entgegensetzte. Zur Eröffnung, am 29. Juni 1986, betonte der Leiter des Literaturhauses, Herbert Wiesner, daß hier kein Club für Literaten entstehen solle. »Literaturförderung besteht nicht in der Schaffung von Reservaten. Literatur ist eine öffentliche Angelegenheit.«   [CARL-PETER STEINMANN]

Leuchtende Abende in der Humboldtvilla
Die 20er und 30er Jahre im Haus Fasanenstraße 23

Anfang 1927 bekam die Alexander von Humboldt-Stiftung vom Warenhauskonzern Wertheim das Haus in der Fasanenstraße 23 zur Verfügung gestellt. Die Stiftung betreute als studentische Austauschorganisation ausländische Gäste. Die Institution war seit geraumer Zeit auf der Suche nach einer geeigneten Anlaufstelle für die ca. 2000 Studenten aus dem Ausland. Mit ihrer zentralen Lage, den ausgezeichneten Raumkapazitäten und dem Ambiente erfüllte die Villa in der Fasanenstraße alle Voraussetzungen. Aus der Vierteljahresschrift *Hochschule und Ausland*, deren Redaktion sich ebenfalls in der neu bezogenen Villa befand, ist zu erfahren, daß die Studenten binnen kürzester Zeit die Angebote des Hauses dankbar aufnahmen. Geöffnet war täglich von 10 Uhr morgens bis 1 Uhr nachts. Neben den organisatorischen Vermittlungsstellen für ausländische Studierende und dem breitgefächerten kulturellen Angebot, wie etwa wissenschaftlichen Vorträgen, waren es insbesondere die Tischtennisplatten, die Tanzabende am Donnerstag sowie der Klub- und Speisesaal, die bei den jungen Besuchern lebhaften Zuspruch fanden.

Als erster französischer Austauschstudent überhaupt kam der spätere Germanist und Hölderlin-Exeget Pierre Bertaux als Gast der Humboldt-Stiftung im Oktober 1927 nach Berlin. Er war, wie aus dem Briefwechsel mit seinen Eltern hervorgeht, häufig Gast des Hauses. Hier konnte er Zeitungen lesen oder günstig zu Mittag essen. Bertaux besaß bereits vor seinem Studienaufenthalt ausgezeichnete Kontakte zu deutschen Schriftstellern. Erstaunlich, mit welchen Persönlichkeiten der Student Umgang pflegte. Darunter waren Heinrich und Thomas Mann, Golo Mann, Samuel Fischer oder Joseph Roth. Für Andre Gide war er bei dessen Berlin-Aufenthalt 1928 Cicerone. Bertaux schloss auch Bekanntschaft mit Walter Zimmermann, dem Herausgeber von *Hochschule und Ausland*: »Dann ging ich in die Humboldt-Stiftung. Fand zuerst die Sekretärin; Herr Dr. Göpel (so heißt er) war nicht da, aber der eigentliche Geschäftsführer ist Herr Doktor Zimmermann, der sie sprechen möchte. Wie erstaunt war ich, als ich einen jungen Mann um die 30 Jahre sah, der mir sehr freundlich erklärte, wie die Sache ist: eigentlich bezahlt das Ministerium des Äußeren. Dr. Zimmermann selbst hat (wie ich herausbekommen habe) seine Arbeit im Ministerium. Das ist also für ihn fromage. Er war sehr freundlich, zeigte mir die Räume: Empfangszimmer, Salons, Klub mit

Das Alexander von Humboldt-Haus,
ein Heim für die ausländischen Studierenden in Berlin.

Abb. 5: Das Alexander von Humboldt-Haus, aus *Hochschule und Ausland*, Heft 6/8, Juni-August 1927.

Zeitungen, Restaurant (wo ich 2 feine Eier aß) usw. Ich habe also die einzige Verpflichtung, mein Geld anfangs des Monats abzuholen. Sonst nichts. Aber es ist doch besser, daß ich auch an der ›gemeinsamen Arbeit‹ teilnehme; das heißt, daß ich manchmal komme. Wenn es mir zusagt, kann ich mittags und abends für 80 Pfennig essen.«

Na čerdake

Die Humboldtvilla konnte offenbar auch von Nicht-Studenten für Veranstaltungen genutzt werden. Der kurz zuvor gegründete russische Jugendclub *Na čerdake* (dt.: Auf dem Dachboden) veranstaltete seit Herbst 1927 seine Klubabende hier im Haus. Mitglieder des Klubs, darunter Michail Gorlin, lasen eigene Prosa oder Lyrik, zum Teil wurden ganze Abende mit zeitgenössischer russischer Musik bestritten. Der *Rul* (dt.: Das Ruder), die wichtigste russische Berliner Tageszeitung dieser Zeit, kommentierte regelmäßig die Veranstaltungen und bezeichnete den Klub als »experimentierfreudig«.

Am 13. November 1927 sollte auch ein damals noch weitgehend unbekannter russischer Dichter, der wie Hunderttausende anderer Russen im Exil in Berlin lebte, am fünften Klubabend von *Na čerdake* teilnehmen. In der Vorankündigung des *Rul* (13.11.1927) findet man lediglich seinen Namen und das Genre: »V. Sirin (Gedichte)«. Hinter diesem Pseudonym verbirgt sich Vladimir Nabokov. In der russischen Mythologie bezeichnet »Sirin« einen bezaubernd singenden Vogel mit weiblichem Gesicht und weiblicher Brust. Diese Namenswahl stellte offensichtlich eine geistige Verbindung zu Rußland her, außerdem heißt es, er wollte Verwechslungen mit seinem Vater, der ebenfalls Vladimir hieß, umgehen.

Nabokov und seine Frau Véra bewohnten zwischen Herbst 1926 und August 1929 zwei Zimmer im Zwischengeschoß der Passauer Straße 12. In Berlin lebte Nabokov bereits seit 1922. Sein Aufenthalt war nicht ganz freiwillig. Am 28. März 1922 wurde sein Vater (Mitherausgeber und Gründer des *Rul*) in der Berliner Philharmonie von einem prozaristischen Fanatiker erschossen. Um seiner Familie in dieser Zeit beizustehen, kehrte Vladimir jun. nach Beendigung seines Studiums in Cambridge nach Berlin zurück.

Zunächst trat Nabokov als Schriftsteller mit Gedichten hervor, die im *Rul* abgedruckt wurden. 1925 schrieb er seinen ersten Roman *Maschenka*, der 1926 im Berliner Exilverlag Slowo veröffentlicht wurde. Ganin, der Held des Romans, lebt seit 1923 als Exilant in der preußischen Hauptstadt und hält sich wie Nabokov zeitweise als Filmkomparse über Wasser. Nabokov lehnte strikt jedwede reguläre Arbeit ab, dafür brachte er mit seinen literarischen Aufsätzen, Vorträgen, Kurzgeschichten oder Übersetzungen etwas Geld in den gemeinsamen Haushalt mit ein. Sein Biograph Stephen Boyd berichtet, daß Nabokov im Nachhinein von sich selbst das Bild eines Einzelgängers entwarf, der die Veranstaltungen anderer Exil-Literaten tunlichst mied. Die Beschreibung in seiner Autobiographie *Erinnerung, sprich* verrät lediglich, daß er solche Abende wahrgenommen hatte: »Ein hervorstechendes Merkmal des Emigrantendaseins, das mit seiner Vagantenhaftigkeit und Theatralik ganz in Einklang stand, war die ungewöhnliche Häufigkeit dieser literarischen Lesungen bei Privatleuten oder in gemieteten Sälen. Die verschiedenen Kategorien der Vortragenden heben sich in dem Puppentheater, das sich in meinem Geist abspielt, deutlich voneinander ab ... Der junge Dichter, in dem seine neidischen Ordensbrüder einen beunruhigenden Anflug von Genie erkennen mußten, ebenso augenfällig wie der Streifen eines Skunks, aufrecht auf der Bühne, bleich, glasigen Blicks und nichts in der Hand, was ihn in dieser Welt verankerte, warf er den Kopf zurück, rezitierte sein Gedicht in einem höchst irritierenden, wogenden Singsang und kam brüsk zum Ende, als werfe er die Tür der letzten Zeile ins Schloß und warte darauf, daß Applaus die Stille fülle.«

Diese ironiegetränkten Zeilen verraten eine erhebliche Distanz zu seinen damaligen Lebensumständen in Berlin, denn Nabokov hatte durchaus Teil am Literaturbetrieb der Exilrussen: Er las im Café Leon (dem Treffpunkt der russischen Literaten) oder er hielt öffentliche literarische Vorträge, etwa über Joseph Conrad. Und am 13. November 1927 nahm Nabokov zusammen mit seinem Englisch-Schüler M. Gorlin aktiv am Literaturabend von *Na čerdake* teil. Der Korrespondent des *Rul* berichtet: »[...] Der größte Programmteil dieses Abends, veranstaltet von der jungen Emigrantengeneration, war erwartungsgemäß der Poesie gewidmet. Einige wunderbar ausdrucksstarke Gedichte über Rußland sowie ein lyrisches Werk über Jean d'Arc hat Vladimir Sirin vorgelesen [...]« Nun scheinen plötzlich beide Dichter: der anonyme, junge Lyriker aus *Erinnerung, sprich* und der Vortragende, den der Zeitungskorrespondent beschreibt, in einer Person zusammenzufallen. Die Gedichte über Rußland müssen bei den Exilanten auf offene Ohren gestoßen sein, und so betont der *Rul* besonders die überschwengliche Begeisterung der Zuhörerschaft dieses Abends.

Nabokov selbst verband nie eine tiefe Leidenschaft mit Berlin. Aber es lag sicher nicht an dieser Stadt, denn auch eine andere Umgebung hätte sein Herz, das zeitlebens für seine Petersburger Heimat schlug, nicht erwärmen können. So könnten die Gedichte, die Nabokov an dem Abend in der Fasanenstraße vortrug, ähnlich geklungen haben wie die gramvollen Gedanken von Ganin, dem Held aus *Maschenka*: »Und als er im Bett lag und den Zügen lauschte, die durch dieses freudlose Haus rasten, in dem sieben verlorene Seelen aus Rußland wohnten, kam ihm das ganze Leben wie solch ein Stück Filmaufnahme vor, bei der die gleichgültigen Statisten nicht das mindeste von der Geschichte wußten, in der sie mitspielten.«

Die Vortragsabende der Rabenpresse

Knapp fünf Jahre später wurde die Humboldtvilla erneut Schauplatz einer »Experimentierbühne« – so nannte die *Berliner Börsenzeitung* (15. März 1933) die Rabenpresse-Lesungen. Bereits seit Anfang 1932 veranstaltete der Verleger, Romancier und Essayist Victor Otto Stomps, Vortragsabende der Rabenpresse in der Beletage des Hauses. Stomps war ein Literaturbesessener par excellence. 1926 gründete er zusammen mit Hans Gebser den Verlag Die Rabenpresse, der jedoch erst ab 1932 regelmäßig Bücher veröffentlichte. Stomps, von Freunden auch der »Weiße Rabe« genannt, förderte besonders junge Schriftsteller und gab mit Vorliebe Lyrikbände heraus. Die Rabenpresse-Bücher erreichten nie hohe Auflagen, besaßen jedoch eine hervorragende Aufmachung. Nicht selten statteten Künstler die Bücher mit Abbildungen aus. Hannah Höch schuf Illustrationen für Til Brugmans *Scheingehacktes* (1935), Marcus Behmer das Titelblatt von Paul Zechs *Terzinen für Thino* (1932), Alfred Kubin steuerte die Titelzeichnung zu Stomps *Fabel von Paul und Maria* (1936) bei.

Nach der Machtergreifung der Nationalsozialisten war es das besondere Verdienst von V. O. Stomps, daß er mißliebige Autoren verlegte oder unerwünschte Schriftsteller zu den Lesungen einlud. So druckte er 1934 von Gertrud Kolmar, die 1943 im KZ umgebracht wurde, das Lyrikbändchen *Preußische Wappen*. 1936 geriet Die Rabenpresse unter politischen Druck. Der Verlag feierte im Rheingold am Potsdamer Platz sein zehnjähriges Bestehen. Stomps ließ den Saal mit allerlei Zeichnungen von Autoren, die von der Reichskulturkammer geschmäht wurden, dekorieren. Der *Völkische Beobachter* entsetzte sich über die Vorträge und die Ausstattung des Saals. Ein Jahr später mußte Stomps, auch aus finanziellen Gründen, seinen Verlag schließen, was ihn jedoch nicht daran hinderte, weiterhin Lesungen in seiner Wohnung abzuhalten oder sogenannte Privatdrucke herzustellen.

1932 und 1933 müssen mindestens zehn öffentliche Vortragsabende stattgefunden haben, zu denen der Eintritt immer kostenlos war. Einige Abende fanden auch im Klubhaus am Knie (heute Ernst-Reuter-Platz) statt. Die Erinnerung der Teilnehmer hat sich jedoch auf die Humboldtvilla fixiert. Oda Schaefer schreibt in ihrem Lebensrückblick: »Interessant waren die von Stomps veranstalteten Dichterlesungen in der Humboldtvilla in der Fasanenstraße, leuchtende Abende mit dem Auditorium vieler prominenter und ehedem prominenter Autoren, die dem Regime nicht genehm waren.« Harry Proß berichtet: »Die Lese-Abende in der Humboldt-Villa wurden eine feste Einrichtung.«

Wie gestaltete sich eine Dichterlesung der Rabenpresse? Aus einem Programmzettel vom 21. März 1932 ist Folgendes zu erfahren. Ab acht Uhr sprach V.O. Stomps zur Eröffnung eine kurze Einleitung. Daraufhin las zunächst Kurt Heynicke aus eigenen Werken. Im Anschluß trug Franz Conrad Hoefert Gedichte von Hans Gebser und W. G. Oschilewski vor. Und vor der Pause, die zum Bücherkauf diente, steuerte Paul Zech zwei Balladen bei. Nach der Pause las erneut F. C. Hoefert lyrische Texte von Georg Zemke und Alfons Paquet. Den Abschluß bildete Max Herrmann-Neiße, der aus eigenen Werken vortrug.

Am 11. November 1932 hielt Oskar Loerke fest: »Am 16. Dezember soll ich bei Stomps, dem »Weißen Raben«, lesen. Man muß ganz im Kleinen anfangen oder – schließen.« Anscheinend besaßen die Rabenpresse-Abende für Loerke kein erhöhtes Prestige. Das verwundert, denn unter den Teilnehmern waren nicht nur unbekannte Dichter, sondern auch Namen, die sich einen Ruf nicht mehr erwerben mußten. Dennoch bereitete Loerke sich gründlich auf seine Lesung vor. Die Notiz vom 18. Dezember 1932 gibt darüber und über den Verlauf des Abends Auskunft: »Freitag, tagsüber das Programm für meine Vorlesung in der Rabenpresse fertiggemacht. Den Brief an einen jüngeren Lyriker gekürzt und neu getippt. Das von Hermann Kasack zurechtgestrichene Fischfangkapitel aus dem Oger durchgegangen, Gedichte gewählt. – Zur Humboldtvilla Fasanenstraße. Allerlei Bekannte. Frau von Molo, Ina Seidel und ihr Bruder Heinrich, Kasacks. Der Kritiker Hamecher. Günter Eich. – Asta Südhaus las von einem Leuteritz vier Gedichte. G. A. Goldschlag Rilkesches und Till Eulenspiegel. Plattheiten, viel zu langsam. Dann ich. Es schien Eindruck zu machen.«

Oskar Loerke und Vladimir Nabokov stuften den Wert dieser literarischen Abende, wie sie in den 20er und 30er Jahren in der Humboldtvilla stattfanden, eher gering ein. Nabokov aber hat dort immerhin ein begeistertes Publikum vorgefunden, wenn wir der Zeitung glauben dürfen. Loerke meinte zu spüren, daß seine Beiträge Anklang fanden. In beiden Fällen also doch leuchtende Abende.

[SEBASTIAN JANUSZEWSKI]

Literarische Spaziergänge rund um das Literaturhaus Berlin
Spaziergang 1: Südlich des Kurfürstendamms

Die angegebenen Adressen entsprechen der heutigen Hausnummerierung. Neubauten oder nach dem Krieg nicht wieder errichtete Häuser sind mit |* gekennzeichnet.

1 | *Lietzenburger Straße 70** – Ernst Blass

»Ich bin so sanft, mit meinen blauen Augen«
Dem Studenten der Jurisprudenz Ernst Blass sind im jugendlichen Alter Verse geglückt, die zu den kühnsten und entschiedensten gehören, die im deutschen Expressionismus geschrieben worden sind, aber er ist auch der Elegant der Bewegung. An seinem kurzen, früh verwelkten Ruhm blieb eine Zeile haften, die auch seinem ersten Gedichtband, der 1912 erschien, den Titel gab: Die Straßen komme ich entlang geweht. Es ist eine Zeile aus seinem Gedicht *An Gladys*. Programmatisch treffen bei ihm einige stilbildende Elemente expressionistischer Lyrik zusammen. Die Bewegung des Aufbruchs: getrieben zu sein und zu wehen, dann die enge, fast erotische Bindung an die Stadt, ihre Straßen, mit denen der Körper zu einer genuinen Übereinstimmung gebracht wird. Das Gedicht endet mit einer rührenden, fast flehentlichen und ein wenig koketten Zeile: »Ich bin so sanft, mit meinen blauen Augen.«
Die Befindlichkeit des Ichs zwischen den tausenderlei Eindrücken der Großstadt, die natürlich im Jahr 1912 nur Berlin heißen kann, die Verlorenheit, die nervöse Anspannung und die ständige Reizwirkung, die das Kaleidoskop der Dinge verursacht: das sind ästhetische Phänomene, die Blass immer wieder hin und her wendet, keß, witzig, bitter, in ganz unerwarteten Sprüngen, Wendungen, darin einem anderen melancholischen Spötter, Heinrich Heine, verwandt.
Er tritt im Neopathetischen Cabaret auf, tanzt, wo andere ihren Zorn herausbrüllen. Mit Kurt Hiller zusammen gründet er das konkurrierende Literarische Cabaret GNU. Was ihm vollkommen fehlt, ist das Pathos anderer expressionistischer Lyriker: Programmatisch schreibt er: »Der Lyriker der nächsten Zeit wird sich nicht schämen.« Sich nicht zu schämen, bedeutet auch, auf die Mimikry eines durchgesetzten, akzeptierten Formenkanons zu verzichten. Der Künstler schämt sich ja gemeinhin nicht seiner Weihen, sondern des noch Unfertigen, Gewagten, Unbewußten.
Danach geschieht mit ihm eine Wandlung, er reist nach Heidelberg und begibt sich schreibend in die Einflußzone von Stefan George und Rudolf Borchardt. Der die Straßen entlang geweht ist, schmiegt sich nun ein in stimmungsvolle Gartenlandschaften. Das Weltstädtische ist zu einer dunklen, unterdrückten Erinnerung geworden. Er promoviert in Heidelberg mit einer Arbeit, deren Titel noch heute aufhorchen lässt: *Die Tötung des Verlangenden* (216 RStGb). 1915 kehrt er nach Berlin zurück, der Kontakt zu den neopathetischen Freunden ist abgerissen,

Lichtenstein, Heym sind tot. Blass hatte das Glück, wegen seiner Kränklichkeit keinen Kriegsdienst leisten zu müssen. Der letzte Gedichtband von Ernst Blass erschien 1921. Er wurde Tanzkritiker am *Berliner Börsen-Courier*, der Tageszeitung, die in den zwanziger Jahren das progressivste Feuilleton hatte, dann Mitarbeiter am *Berliner Tageblatt* und Lektor im Verlag seines Freundes Paul Cassirer. Seit 1924 war Blass schwer augenleidend, Schreiben, Lesen, Sehen und über das Gesehene zu urteilen, wurde fast unmöglich. Mehr und mehr vegetierte er im Abseits. Seine Adresse: Lietzenburger Str. 5, nach heutiger Zählung Hausnummer 70. 1933 verschließen sich ihm die letzten Publikationsmöglichkeiten. Expressionist und Jude, isolierter, mitteloser Asphaltliterat in der Fürsorge seiner Schwester, gerät er in Vergessenheit. Seine letzte Arbeit ist die Übersetzung von Lord Byrons Poem *Kain*, sie erschien 1938 im Schocken Verlag Berlin. 1939 stirbt er, gerade 49 Jahre alt, fast blind an Tuberkulose, die längst eine Armenkrankheit geworden ist.   [URSULA KRECHEL]

2 | *Fasanenstraße 34* – Hans Scholz

Hans Scholz besaß nie eine Adresse in der Fasanenstraße (seine letzte Wohnung war, bis 1988, in der Herbartstraße 15), doch das Haus mit der Nummer 34 und die darin gelegene Jockey Bar erlangten durch eines seiner Werke literarische Berühmtheit. *Am grünen Strand der Spree. So gut wie ein Roman* (1955) war bereits als Buch, danach als Hörspiel, spätestens aber als erster Mehrteiler der deutschen Fernsehgeschichte (1960, Regie: Fritz Umgelter) ein kolossaler Erfolg.
In einer gewittrigen Aprilnacht des Jahres 1954 treffen die Freunde Bob Arnoldis, Fritz Hesselbarth, Hans-Joachim Lepsius, Hans Schott und der zu später Stunde noch aus der Ostzone kommende Peter Koslowski in der Jockey-Bar zusammen. Sie geben jeder reihum eine Geschichte zum Besten. Bemerkenswert ist hier vor allem die von Scholz verwendete Sprache. Die zeitgenössische Kritik war begeistert: »Hier hat einer endlich einmal den Jargon getroffen, wie er heute von der Halenseebrücke bis zum Bülowbogen auf Redaktionen, in Filmbüros, Konfektionsateliers, Anwaltsstuben, in den Antiquitätenläden und Ausstellungen gesprochen wird.« (Friedrich Luft)
Die grassierende Wirtschaftswundermentalität wird deftig aufs Korn genommen und ungeschönt der vergangene Krieg geschildert. Eine Massenerschießung von Juden durch die Wehrmacht findet hier schon ihre Beschreibung. Die Erzählungen der Tischgenossen jagen über Zeiten und Orte hinweg – die Schlacht von Kunersdorf, ein Capriccio im Florenz der 30er Jahre usw. – sind aber dabei geschickt miteinander verflochten.
Nach durchzechter Nacht, morgens gegen acht, schließt der Roman: »Arnoldis half Koslowski in den Wagen und schloß die Tür. Lepsius und Hesselbarth tanzten mitsammen, […]. Die Musiker hatten die Instrumente noch einmal vorgeholt und spielten zum Fenster hinaus. Und tanzten, bevor ein jeglicher ins Hotel, nach Hause oder in den *Weißen Mohren* entstrebte, tanzten mitsammen die Herren, […] Herren auf der Fasanenstraße, Mäntel um die Schultern, schrammelte der Gitarrist zum Fenster hinaus, […], und blies leise der Trompeter hinter scharfem Dämpfer *Till the End of Time* … über den blauen Asphalt, blies zum nassen Kurfürstendamm hin … ultramarin … und zu den morgensonnengoldenen Mauern hinauf … sangen zuoberst kleine schwarze, aufrechte Amseln, eine auf der Ruine Lietzenburger Straße 12, eine auf der Ruine Lietzenburger Straße 60, eine auf dem Neubau Ecke Uhlandstraße und die für das Haus Meinekestraße 12a zuständige auch. Nur konnte man sie nicht sehen.« [Sebastian Januszewski]

3 | *Fasanenstraße 65* – Arno Holz

Im Jahr 1894 zog Arno Holz, mit seiner Frau Emilie und dem ersten Sohn, vom Wedding in die Fasanenstraße 65, die damalige Gravelotter Straße 41, zwei Jahre später in die Pariser Straße 25. Es war die Zeit, in der sich Holz mehr und mehr aus der literarischen Öffentlichkeit zurückzog. Nicht nur die Freundschaft zu dem Dichter Johannes Schlaf zerbrach an ästhetischen Konflikten und der Dünnhäutigkeit der beiden. Diese Dünnhäutigkeit wird sich bei Holz immer wieder zeigen. So lehnte er in den 1910er Jahren zweimal eine Ehrengabe der Schiller-Stiftung ab, da sie ihm zu gering erschien.

Schon drei Jahre vor seinem Umzug in den Westen hatte er verbittert an den Kollegen Detlev von Liliencron geschrieben: »Auch in die Freie Literarische Gesellschaft verirre ich mich nie. Mich ekelt das Treiben dort an. Klatsch, Klatsch, Klatsch! Das ist Alles! Ich bin froh, wenn ich von der ganzen Kollegenschaft nichts höre.« Andererseits berichtete er in einem Brief an einen Freund, den Schriftsteller Oskar Jerschke, ein Jahr später von seiner Isoliertheit: »Ich [...] lebe hier mitten in Berlin einsam wie auf einer Insel im Weltenmeer.«

Dessen ungeachtet waren die 1890er Jahre für Holz eine hochproduktive Zeit. In der Fasanen- und Pariserstraße schrieb er die erste Version seines *Phantasus*. Das revolutionäre Langgedicht – sein Lebenswerk – erschien 1898/99 in zwei Teilen in dem Kleinverlag Joh. Sassenbach, zusammen etwas über hundert Seiten stark. Holz sollte die kleine Sammlung in den folgenden drei Jahrzehnten zu einem Konvolut erweitern, das er 1925 in einer Ausgabe letzter Hand in drei gewichtigen Großfolio-Bänden veröffentlichte. Schon die erste Ausgabe von 1898 war eine literarische Sensation, verkaufte sich aber, wie üblich bei literarischen Sensationen, miserabel.

1901 zog die Familie Holz, nunmehr mit drei Söhnen, in eine größere Wohnung in der Uhlandstraße 106, in der sie mit einer kurzen Unterbrechung bis 1905 bleiben wird. Die finanziellen Sorgen wurden zu der Zeit noch drückender. An seinen Bekannten Wolfgang Martens schrieb Holz: »Erschreiben kann ich mir meinen Unterhalt nicht – Sie wissen, es ist nicht übertrieben, wenn ich Ihnen versichere, ich würde noch nicht einmal 50 Mark den Monat damit verdienen – also was soll ich? Ich sehe nichts!!! Ich lebe in einer Wohnung, deren Miethe mir diese sechs Tage nur gestundet wurde, weil niemand in unsrem Haus unsre Lage noch ahnt, die Lieferanten liefern noch, weil sie noch immer bisher bezahlt worden sind, aber der Tag, an dem auch das letzte Markstück, auch von den mir Nächststehenden verweigert werden wird, ist vielleicht bereits abzuzählen an den zehn Fingern meiner beiden Hände. Was dann?«

Erst 1905 stellten sich durch die hohen Verkaufszahlen der *Dafnis*-Gedichte und der Tragikomödie *Traumulus* die ersten finanziellen Erfolge ein. Also wechselte die Familie Holz umgehend in eine bessere Wohnung in der Holsteinischen Straße 31, in der sie bis 1910 bleiben sollte. Aber erst die Stübbenstraße 5 in Berlin-Schöneberg [*Gedenktafel am Haus*] sollte zum dauerhaften Aufenthaltsort (1910–1929) von Arno Holz werden. [FLORIAN VOSS]

4 | *Fasanenstraße 39* – Gerhart Hauptmann

Das Jahr 1893 ist für Gerhart Hauptmann in mehrfacher Hinsicht ein außergewöhnliches Jahr. Auf Berliner Bühnen erleben drei seiner Dramen ihre Uraufführung: *Die Weber* – verfaßt in der Wohnung der Hauptmanns in der Schlüterstraße 78, wo die Familie 1889–1891 lebte [*Gedenktafel am Haus*] –, *Der Biberpelz* und am 14. November im Schauspielhaus schließlich *Hanneles Himmelfahrt*. Während der Premierenfeier des letzteren bittet er die Schwester von Max Marschalk, der die Bühnenmusik zu *Hannele* geschrieben hat, an seinen Tisch. Der Dramatiker verfällt augenblicklich der jungen Margarete und beginnt bald eine Affäre mit ihr. Seiner Ehefrau Marie, die ihm bereits drei Söhne geschenkt und ihm in seinen künstlerischen Anfangsjahren finanziell erheblich unter die Arme gegriffen hatte, gesteht er das Verhältnis. Er stellt sich sogar vor – freilich inakzeptabel für Marie –, ein Leben zu Dritt führen zu können. Hauptmann ist hin- und hergerissen zwischen Familie und Geliebter. Versprechen, die er seiner Ehefrau gibt, werden gebrochen, sein schlechtes Gewissen plagt ihn über alle Maßen. Auf der anderen Seite ist er manisch eifersüchtig auf die Schauspielerkollegen von Margarete. Dramatischer Höhepunkt der Auseinandersetzung wird seine überstürzte Abreise nach Amerika, wohin Marie im Januar 1894 mit den Kindern entflohen war, um Abstand zu bekommen und um Hauptmann zu einer Entscheidung zu nötigen. Es scheint, die Versöhnung und die Abkehr von Margarete seien besiegelt. Doch im Mai, zurückgekehrt aus den USA, trifft er sich rasch wieder mit ihr. Im Spätsommer 1894 wird der gemeinsame Haushalt in Schreiberhau aufgelöst, und Hauptmann bezieht ein »Hinterhausversteck« in der Gravelotter Straße 8 (heute Fasanenstraße 39). Im nur kaum literarisierten autobiographischen *Buch der Leidenschaft* heißt es über diesen Lebensabschnitt: »Ich habe mir eine kleine Hinterhauswohnung gemietet und notdürftig eingerichtet, nicht weit vom Joachimsthalschen Gymnasium. Die Frau des Portiers besorgt das Aufräumen, den Morgenkaffee koche ich selbst. Manchmal ist Anja [d.i. Margarete Marschalk] schon zum Frühstück da, und dann besorgen wir das gemeinsam. Ich kann hier arbeiten, arbeite viel, Anja studiert ihre Rollen hier und bleibt tagsüber an meiner Seite. Dann kommt das Theater, kommt der Dienst. Nachher bringe ich sie bis an die Tür der Wohnung ihrer Mutter zurück.«
Dennoch ist der Trennungsprozess keineswegs abgeschlossen. Im Oktober 1894 schreibt er in sein Tagebuch: »In meiner Wohnung Gravelotter Straße 8 / Alles scheint sich wieder zu setzen. Es wird ruhiger um mich. Ich fühle meine Familie

und wie ich ihr an- und zugehöre.« Hauptmann entscheidet sich letztendlich für Margarete und gegen Marie, jedoch nicht ohne sie und die Kinder zeitlebens zu unterstützen. Die Hinterhofwohnung verläßt er nach kurzer Zeit und zieht 1895 weiter in die Rankestraße 36, mit Ausblick auf die Gedächtniskirche. Seine Frau stimmt erst im Juli 1904 der Scheidung zu, im September des gleichen Jahres heiratet Gerhart Hauptmann Margarete.

Unweit der Fasanenstraße 39 wurde 1966, aus Anlaß des 20. Todestages des Dichters, Ecke Meierottostraße/Bundesalle die Gerhart-Hauptmann-Anlage eröffnet. Ein Neuguss der Bronzebüste von Fritz Klimsch (geschaffen 1920), der auch das Grabmalsrelief von Richard und Luise Hildebrandt auf dem Luisenfriedhof schuf, steht auf einem mannshohen Granitstein. An dessen Fuße findet sich ein Zitat aus Hauptmanns Drama *Florian Geyer*: »Der deutschen Zwietracht mitten ins Herz.«
[SEBASTIAN JANUSZEWSKI]

Abb. 6 (*vorige Seiten*): Kurfürstendamm Ecke Uhlandstraße, um 1930. Echt-Photo-Karte [Slg. G. K. Bose].

5 | *Ludwigkirchstraße 12** – Lasker-Schüler | Walden

Selbst nachdem Else Lasker-Schüler, die sich oft Jussuf Prinz von Theben nannte, im Jahr 1903 Herwarth Walden geheiratet hatte, lebte sie weiterhin in erster Linie allein in möblierten Zimmern und im Café des Westens (Kurfürstendamm 18/19). Als sie 1911 eine Weile krank das Bett hüten mußte, schrieb sie: »Ich bin nur zwei Abende nicht im Café gewesen [...] ich fühle mich etwas unwohl am Herzen. Dr. Döblin kam mit seiner lieblichen Braut, um eine Diagnose zu stellen. Er meint, ich leide an der Schilddrüse, aber in Wirklichkeit hatte ich Sehnsucht nach dem Café.« Mit Herwarth Walden, mit dem sie immerhin ein Jahrzehnt verheiratet war, lebte sie anfänglich nur einige Zeit in der Ludwigkirchstraße 12 zusammen (Hinterhaus, Parterre). Das Ehepaar vertrug sich nicht gut, Alfred Döblin berichtete: »Walden, mit seinem Spürtalent, hatte die große Begabung der jungen Frau erkannt, aber ihr Temperament, wie mir scheint, nicht mit derselben Sicherheit. Ich wohnte heftigen Szenen zwischen den beiden bei«. Hinzu kam die ständige Geldnot der Eheleute. Dennoch vereinte beide die Liebe zur Dichtung. Die Wohnung der Waldens wurde Schauplatz zahlreicher leidenschaftlicher Diskussionen über Kunst und Literatur, nachzulesen in der Korrespondenz Herwarth Waldens mit Samuel Lublinski.

Von 1907 bis zur Scheidung am 1. November 1912 lebten sie in Halensee, in der Katharinenstraße 5 [*Gedenktafel am Haus*], noch einmal zusammen, bevor Lasker-Schüler in die Schaperstraße 4 weiterzog, um dann ab 1914 in der Pension Benecke in der Nürnberger Straße 46 unterzukommen. Über ihre Zeit dort, in den ersten Kriegsjahren, schrieb Franz Jung: Sie bewohnte »ein typisches Altberliner Zimmer mit einem kleinen Podium am Fenster«, von dem sah sie »auf die Straße hinaus und in ihre Welt, die Kamelstraßen durch die fernen Wüsten, das seit Jahrtausenden angestammte Land des Prinzen von Theben.«   [FLORIAN VOSS]

6 | *Fasanenstraße 41** – Boris Pasternak

Im Sommer 1922 kam Boris Pasternak auf einen kurzen Abstecher während der Reise nach Marburg in die Reichshauptstadt. Er wollte an ein paar Tagen seiner Frau Jewgenia Lourié Berlin zeigen. Das Paar sollte bis Frühjahr 1923 in der Pension Fasanen-Eck, Fasanenstraße 41 bleiben.
Pasternak besuchte in dem halben Jahr zahllose Treffen und Lesungen der russischen Emigrantenzirkel. Der Dichter war zu der Zeit voller Selbstzweifel, er hatte seiner Ansicht nach seit Jahren nichts vorzeigbares geschrieben. Sein Kollege Viktor Schklowski beschrieb ihn als unausgeglichenen Charakter: » In Berlin ist Pasternak voller Unruhe. Er ist ein Mensch westlicher Kultur, zumindest versteht er sie, er hat auch schon früher in Deutschland gelebt, bei ihm ist nun eine junge, gute Frau - und dennoch ist er voller Unruhe.«
Einem anderen Kollegen, dem Schriftsteller Boris Saizew, gelang es durch behutsames Zureden, den Blockierten wieder zum Schreiben zu bringen. Pasternak verfaßte während des Berlin-Aufenthalts zahlreiche Gedichte, unter anderem eines mit dem Titel *Gleisdreieck*: »Womit begnügt sich so ein Sonderling im Leben / Der jeden Tag für kärgliches Entgelt / Den Dachboden, befindlich überm Brüllen dieser Gegend / Dem Untergang vermietet, der aus Potsdam eilend schnellt // [...] Kein Zwielicht in den Händen, sondern Schminke / Bei Dächern, Röhren und Rühr-mich-nicht-ans / Die U-Bahn stürzt dorthin aus finstren Winkeln / Und fliegt auf rauchigen Flügeln die Grimassen lang.« [Florian Voss]

7 | *Fasanenstraße 61* – Heinrich Mann

1932 zog der bereits 61jährige Heinrich Mann in die Fasanenstraße 61 [*Gedenktafel am Haus*]. Es war für ihn eine bewegte Zeit. Die Trennung von seiner Frau, die der Anlaß zur Übersiedlung nach Berlin gewesen war, lag einige Jahre zurück, und einige Monate vor seinem Umzug in den Berliner Westen war er zum Präsident der Sektion Dichtkunst der Preußischen Akademie der Künste berufen worden. Das Leben in der und um die Fasanenstraße kannte Heinrich Mann schon von früheren Besuchen. So hatte der Schriftsteller und Journalist Wilhelm Herzog, der ab den 10er Jahren mit Heinrich Mann gut bekannt war, für den 7. Dezember 1929 in sein Notizbuch eingetragen: »Heinrich Mann erzählt: er hat mit Kiepenheuer abgeschlossen, Sekt- und Kaviarfrühstück. Am Abend: Vortrag von Thomas Mann ›Mario und der Zauberer‹. Mit Heinrich Mann dort. Die Souveränität in der Ironie – ausgezeichnet. Nach dem Vortrag mit Heinrich und Thomas Mann zusammen zu Frolicz (einem kleinen Restaurant in der Fasanenstraße 74).«
Er sollte noch bis zur sogenannten Machtergreifung in der Fasanenstraße bleiben. 1933 dann wurde von den Nazis und ihren Handlangern in der Akademie Heinrich Manns Ausschluß aus derselben erzwungen. Jahre später schrieb Mann an Alfred Kantorowicz: »Am 15. Februar 1933 wurde ich aus der Akademie entfernt ... Ich blieb dennoch in Berlin, wo nette Puppen reissenden Absatz fanden: mein Kopf, und die Beine von Marlene Dietrich (›Der blaue Engel‹). Am 19. in einer Abendgesellschaft mit den Trümmern der Republik, meistens von Sinnen, kam André François-Poncet auf mich zu. Er sagte: ›Wenn Sie am Pariser Platz vorbeikommen, mein Haus steht Ihnen offen.‹ Dieses Zeichen genügte mir: zwei Tage später reise ich ab, still und leise, aber die SA betraten alsbald meine Wohnung. Sie war längst überwacht gewesen. – Da sie mich nicht hatten, verkündeten sie mit Lautsprechern, sie hätten mich.« Manfred Flügge schildert in seiner 2006 erschienenen Biographie Heinrichs Manns die Vorgänge etwas anders. Zusammen mit Wilhelm Herzog hatte Heinrich Mann 1931 den preußischen Innenminister Severing und dessen Staatssekretär Dr. Abegg aufgesucht, diese vor den Nazis gewarnt und nach Plänen zur Verteidigung der Republik befragt. Bei diesem Gespräch war auch eine Sekretärin anwesend, die damals schon für die Nazis spionierte und ihren Auftraggebern vom Inhalt der Unterredung Bericht erstattete. Dr. Wilhelm Abegg, seit 1932 nicht mehr im Amt, hatte offenbar Kenntnis von schwarzen Listen bei der Polizei; er war bei der Abendgesellschaft zugegen und hat Heinrich Mann gewarnt. [FLORIAN VOSS]

8 | *Spichernstraße 14* * – Georg Heym

Im Februar 1911 verließ Georg Heym das elterliche Haus in der Neuen Kantstraße 12/13 [*Gedenktafel am Haus*] und zog in ein kleines, möbliertes Zimmer bei der Witwe Kleinert in der Spichernstraße 14. Hier wird er nur vier Wochen bleiben, bevor er Anfang März in den Schoß der Familie zurückkehrt.

Kurz zuvor hatte er die zweite juristische Staatsprüfung am Kammergericht in der Lindenstraße abgelegt; Studienkollegen hatten sich in unmittelbarer Nähe ein Zimmer gemietet, wo sie mithilfe von Fachbüchern die Klausuraufgaben lösten, die Heym, in Papphülsen gesteckt, aus dem Fenster des Prüfungsraumes warf. Die Lösungen gingen in einer Tüte mit Obst retour.

Daß Heym nicht viel von der Juristerei hielt, geht wiederholt aus seinen Tagebüchern hervor. Im Oktober 1910 schrieb er: »Ich habe mich jetzt so viel mit diesem elenden-gemeinen-hundsföttischen Juristendreck, diesen kleinen lausigen-Scheiß-Zaunkönigen der Wissenschaft […] abzugeben, daß mir das Speien ankommt.«

Im Anschluß an die Klausuren verbrannte der Dichter seine juristische Fachliteratur auf einem Grundstück unweit des elterlichen Hauses und nahm sich kurz darauf das Zimmer in der Spichernstraße. In die Zeit seines dortigen Aufenthalts fiel auch der Beginn und das Ende seines Referendariats am Amtsgericht Lichterfelde: Nach wenigen Monaten wurde er nach Wusterhausen strafversetzt, da er eine Grundbuchakte, deren Bearbeitung ihm nicht lag, im Wasserklosett hinuntergespült hatte. [FLORIAN VOSS]

9 | *Spichernstraße 16* * – Brecht | Weigel

Nach längeren Aufenthalten in der ersten Hälfte der 20er Jahre, wechselte Bert Brecht Ende 1924 von München kommend nach Berlin, um seiner Lebensgefährtin Helene Weigel und dem gemeinsamen Sohn Stefan nahe zu sein. Helene Weigel räumte ihre Atelierwohnung in der Spichernstraße 16, und Brecht zog im Februar 1925 ein [*Gedenktafel am Haus*].

Trotz wachsender Popularität, die sich unter anderem in seinem Porträt auf einem Muratti-Zigaretten-Sammelbildchen manifestierte, und trotz des ersten großen Erfolges mit dem *Mahagonny*-Songspiel, waren Brechts finanzielle Verhältnisse mehr als prekär; im Dezember 1927 ließ er das Finanzamt wissen: »Ich schreibe Theaterstücke und lebe, von einigen kleinen äußerst schlecht bezahlten Nebenarbeiten abgesehen, ausschließlich von den Vorschüssen der Verlage, die in der Form von Darlehn an mich gegeben werden. Da ich mit den Stücken vorläufig beinahe nichts einnehme, bin ich bis über den Hals meinen Verlagen gegenüber in Schulden geraten. Ich wohne in einem kleinen Atelier in der Spichernstraße 16 und bitte Sie, wenn Sie Reichtümer bei mir vermuten, mich zu besuchen.«

Doch ein knappes Jahr später sollte die Uraufführung der *Dreigroschenoper* über die Bühne des Theaters am Schiffbauerdamm gehen, und recht bald konnte Brecht seine Geldsorgen hinter sich lassen. An Erwin Piscator schrieb er: »Ich hoffe, die ›3groschenoper‹ wirkt aus der Ferne nicht allzu aufreizend! Sie hat nichts Falsches an sich, eine gute alte ehrliche Haut. Daß sie eingeschlagen hat, ist sehr angenehm.«

Daraufhin zog er im November 1928 in eine repräsentativere Wohnung in der Hardenbergstraße 1a, in der er bis zu seiner Emigration am 28. Februar 1933 leben und arbeiten sollte. Einen Tag nach dem Reichstagsbrand, bestieg er den Zug nach Prag.

[FLORIAN VOSS]

10 | *Spichernstraße 8/9* * – Ernst Toller

Nachdem er im Sommer 1924 aus der Festungshaft in Niederschönenfeld entlassen wurde, in der er als Kommandant der Bayrischen Roten Armee wegen Hochverrats fünf Jahre eingesessen hatte, wurde Ernst Toller widerrechtlich aus Bayern ausgewiesen, so daß ihm kaum etwas anderes übrig blieb, als nach Berlin zu gehen, um dort erst einmal bei seinem Freund und Revolutionsgenossen Ernst Niekisch in der Pestalozzistraße 61 unterzukommen.

Toller zog einen knappen Monat später in die Pension Steinplatz in der Uhlandstraße 197, in der er sich ebenfalls nur einige Wochen aufhielt. Nach weiteren, wechselnden Adressen, unter anderem in der Lietzenburgerstraße 8, mietete er 1927 ein möbliertes Zimmer in der Spichernstraße 8/9. Hier schrieb er sein Theaterstück *Hoppla, wir leben!*

Im Sommer dieses Jahres lud die literaturinteressierte Ehefrau des Kaufhauskönigs Hermann Tietz den verarmten Ernst Toller ein, die Wochen ihrer Abwesenheit in ihrer Villa in der Bundesallee zu verbringen. Toller nahm an, bat seinen Freund Walter Hasenclever, ihm Gesellschaft zu leisten, und beide konnten sich nicht enthalten, die goldumrandeten Einladungskarten der Tietz' für eine Abendgesellschaft zu verschicken. Ein Teil der oberen Zehntausend fand sich ein und wurde von den Dichtern mit Sekt und Kartoffelpuffern verköstigt, wobei letztere in Rizinusöl ausgebacken worden waren, ob in revolutionärer Absicht oder aus mangelnder Kochkenntnis, konnte im Nachhinein nicht mehr geklärt werden. Wie der Schriftsteller Jürgen Serke kolportierte, wurde von den Berliner Müllmännern am nächsten Morgen verbreitet, daß man die »Berliner Bonzen mächtig verscheißert« habe. [FLORIAN VOSS]

11 | *Nürnberger Platz 3* – Arnolt Bronnen

Gleich um die Ecke, am Nürnberger Platz 3 wohnte ab Herbst 1923, neben Bert Brecht und Ernst Toller der Dritte im Bunde des Dramatiker-Triumvirats, Arnolt Bronnen, der einem der Konkurrenten sogar auf den Schreibtisch schauen konnte; von seinem Fenster aus sah er: »... in die Schräge von Helene Weigels Atelierfenster«, in das Brecht ein Jahr später einzog. Und weiter beschreibt er in seinen posthum veröffentlichten Erinnerungen die Tage mit Bertolt Brecht: »... es strömte in ihn ein mitreißendes, drängendes Gefühl, wenn er die anderen Lichtfenster sah, hinter denen andere arbeiteten; er fühlte sie alle wie Vorposten einer Armee, deren Feind die Dunkelheit war.«

Bronnen war 1920 aus Wien nach Berlin gekommen und arbeitete anfangs als Verkäufer im Kaufhaus des Westens, bevor er mit dem Stück *Vatermord* berühmt wurde. Vom Nürnberger Platz übersiedelte er in den frühen 30ern in die Helmstedter Straße 6 und diente sich die nächsten Jahre einem erfolglosen Theaterautor an, der seit 1927 als Propagandist in der Reichshauptstadt von sich reden machte. Sein Name: Joseph Goebbels.

Da aber Bronnens »rassische Herkunft« – sein Vater war Jude, Bronnen hatte sich 1933 allerdings eine »uneheliche Geburt« bescheinigen lassen – alsbald nicht mehr ins Konzept paßte, erhielt er 1937 Publikations- und Berufsverbot, das aber 1941 rückgängig gemacht wurde, da Bronnen nun doch rechtskräftig als »Arier« anerkannt war. Nach dem Krieg sollte er wieder nach links schwenken und für die KPÖ kurzfristig Bürgermeister von Bad Goisern werden. [FLORIAN VOSS]

12 | *Augsburger Straße 46* * – Erich Mühsam

Erich Mühsam war, aus Blomberg im Teutoburger Wald kommend, im Jahr 1901 nach Berlin gezogen. Er wohnte anfangs in einem Zimmer in der Wilsnackerstraße in Moabit und arbeitete als Gehilfe in einer Apotheke im Wedding. Seine freien Abende und Wochenenden verbrachte er aber zumeist im Cafe des Westens und in den Räumen der Neuen Gemeinschaft in der Uhlandstraße 144 (Gartenhaus, Parterre). Die Neue Gemeinschaft war, kurz vor Mühsams Ankunft, von den Brüdern Heinrich und Julius Hart gegründet worden, und die Räume, die eigentlich Lesungen und Vorträgen dienen sollten, wurden von Mühsam und dem anarchistischen Gelehrten Gustav Landauer umgehend umgewidmet:
»Die Wohnung in der Uhlandstraße diente uns Jungen immerhin in den weihefreien Stunden als Klubraum zur Selbstbeköstigung. Zuerst hatten Gustav Landauer und ich uns die Erlaubnis erwirkt, dort zu kochen. Mir wurde die Erlaubnis dazu allerdings von Landauer bald entzogen, und er, der damals keine Familie hatte, übernahm die Bereitung der Mahlzeiten allein, nachdem ich einmal zur Herstellung von Omeletten alle Milch- und Eiervorräte verrührt hatte, ohne daß die Eierkuchen aufhörten zu zerbröckeln; ich hatte nämlich eine falsche Tüte genommen und statt Mehl Gips erwischt.«
Nachdem sich die Neue Gemeinschaft im Jahr darauf heillos zerstritten hatte, zogen die Hart-Brüder an den Schlachtensee, um dort eine neue Vereinigung zu gründen, und Erich Mühsam nahm den Vorortzug nach Friedrichshagen, um in der dortigen Künstlerkolonie das nächste Jahr in einer unbeheizbaren Waschküche zu verbringen.
Im Frühjahr 1903 nahm er den Vorortzug retour und mietete sich ein Zimmer in der Augsburger Straße 46:
»Mein Domizil in der Augsburger Straße war ein sogenanntes ›Berliner Zimmer‹ [...]. Die hübsche, rundliche Wirtin, kleinen Zärtlichkeiten sehr zugänglich – der Mann war Reisender und viel abwesend –, war das Ideal einer toleranten Vermieterin. Ich durfte Besuch mitbringen, wie es mir gefiel, und es kam vor, daß zugleich drei Freunde, denen der Heimweg vom Café des Westens zu weit war oder die gerade kein festes Quartier hatten, bei mir übernachteten. Peter Hille war, wenn er den letzten Zug nach Schlachtensee nicht mehr erreichte, oft mein Logiergast [...]. Kam ein Gast von auswärts ins Café, der noch keine Bleibe hatte, wurde er mir einfach mitgegeben, und ich habe manchmal wildfremde Leute bei mir beherbergt, deren Namen ich bei der Vorstellung nicht verstanden hatte und nie

erfuhr. Einmal kostete es große Mühe, einem Zahntechniker, dem Freunde irgendeines meiner Bekannten, zwei Goldstücke zu retten, die er auf den Tisch gelegt hatte. Ich lag noch im Bett, er auf dem Sofa, als der Gerichtsvollzieher erschien, um von mir Geld zu holen. Er wollte sich durchaus des Vermögens meines Gastes bemächtigen, der angstvolle Minuten durchlebte, bis der Beamte sich entschloß, es beim üblichen Vermerk bewenden zu lassen, daß die Pfändung bei mir fruchtlos gewesen sei.«

Im Frühjahr 1904 kehrte Mühsam Berlin vorerst den Rücken und machte sich auf in Richtung Ascona am Lago Maggiore. Er sollte erst zwanzig Jahre später, nach einem Weltkrieg, einer gescheiterten Revolution und fünf Jahren Festungshaft wegen Hochverrats, wieder nach Berlin zurückkehren. [FLORIAN VOSS]

13 | *Meinekestraße 6* – Irmgard Keun

1905 wurde Irmgard Keun in der Meinekestraße 6 geboren [*Gedenktafel am Haus*]. Die ersten acht Lebensjahre verbrachte sie mit ihrer Familie dort, in der Ludwigkirchstraße 11a und in der Konstanzer Straße 77. 1911 bis 1913 besuchte sie die Cecilienschule am Nikolsburger Platz 5, bevor sie zusammen mit ihren Eltern und dem jüngeren Bruder nach Köln zog. Nach einer Ausbildung an der dortigen Schauspielschule in den Jahren 1925 bis 1927, debütierte sie in der darauffolgenden Spielzeit am Thalia-Theater in Hamburg. Es schloß sich eine Saison in Greifswald an. Ab Ende 1929 war sie ohne Engagement und kehrte zu ihren Eltern nach Köln zurück, wo sie zu schreiben begann. Im Oktober 1931 erschien ihr Debüt *Gilgi – eine von uns* im Berliner Universitas-Verlag. Schon im Jahr darauf wurde *Gilgi* mit Brigitte Helm und Ernst Busch verfilmt. Der neue Literaturstar pendelte fortan zwischen Köln, dem Dörfchen Moselkern und Berlin hin und her. Während der Berlin-Aufenthalte wohnte sie bis 1935 hauptsächlich in einer Pension in der Marburger Straße. Schon im Frühjahr 1932 erschien ihr bis heute größter Erfolg, der Roman *Das kunstseidene Mädchen*, in dem sie ihre Protagonistin über das Quartier um die Fasanenstraße sagen läßt: »Der Westen ist vornehm mit hochprozentigem Licht – wie fabelhafte Steine ganz teuer und mit so gestempelter Einfassung. Wir haben hier ganz übermäßige Lichtreklame. Um mich war ein Gefunkel.« Und an einer anderen Stelle: »Auf dem Kurfürstendamm sind viele Frauen. Die gehen nur. Sie haben gleiche Gesichter und viel Maulwurfpelze – also nicht ganz erste Klasse – aber doch schick – so mit hochmütigen Beinen und viel Hauch um sich.« Die nächsten Jahre verbrachte sie auf Reisen, versuchte halbherzig in die Reichsschrifttumskammer aufgenommen zu werden und emigrierte schließlich am 4. Mai 1936 nach Belgien. Dort lernte sie Joseph Roth kennen, mit dem sie eine knapp zweijährige Amour fou verbinden wird. Über ihn schrieb sie: »Ich bin dem bösen Dämon Roth erlegen […] er ist kein Mann mehr, nur Geist. Unendlich klug, unheimlich genial, zuweilen bösartig, boshaft. Dunkel und tragisch«. Und Egon Erwin Kisch schrieb an seinen Bruder über die beiden: »Wenn Du sie kennenlernst, werde ich mich sehr freuen, aber besauf Dich nicht dabei, die beiden saufen wie die Löcher.« Joseph Roth wird sich ein Jahr nach ihrer Trennung zu Tode getrunken haben. Irmgard Keun wird sich zur selben Zeit erfolglos um ein Ausreise-Visum nach Amerika bemühen und schließlich im Herbst 1940 – nachdem im New Yorker Daily Telegraph irrtümlich ihr Freitod gemeldet worden war – illegal ins Deutsche Reich zurückkehren. [FLORIAN VOSS]

14 | *Kurfürstendamm 217* – Robert Musil

Vom 21. November 1931 bis zum 21. Mai 1933 wohnte und arbeitete Robert Musil in der Pension Stern am Kurfürstendamm 217 [*Gedenktafel am Haus*]. Der Germanist Wolfdietrich Rasch, der Musil in Berlin kennen gelernt hatte, berichtete von einem Gespräch mit Musil; der Dichter wollte den zweiten Band des Romans *Mann ohne Eigenschaften* in Berlin zum Abschluss bringen, was er in Wien nicht könne, in Wien sei er »zu weit abseits von den Ereignissen unserer Tage, zu sehr wie in der Provinz, wo alles stagniert. Die Spannungen in unserer heutigen Welt werden eher hier in Berlin ausgetragen, oder man spürt sie wenigstens besser. Das ist ein günstigeres Klima für meine Arbeit.«

Der erste Teil seines Hauptwerks, den der Rowohlt-Verlag Anfang 1931 publizierte, war von der Kritik mit großer Begeisterung aufgenommen worden, die Verkaufszahlen blieben jedoch hinter den Erwartungen zurück. Den zweiten Band, den Musil in seinem Pensionszimmer abschloß, wollte Ernst Rowohlt nicht mehr ohne weiteres vorfinanzieren. Robert Musil beklagte sich darüber in einem Brief aus jener Zeit: »Da der jetzt abgelieferte Erste Teil [...] 800 Maschinenseiten stark ist, hatte ich erwartet, von Rowohlt für den zweiten Teil neues Geld zu bekommen. Aber er war dazu nur in ganz ungenügendem Maß zu bewegen; immer verschanzt hinter kaufmännische Berechnungen, deren letzter Sinn der ist, daß er kein Vertrauen in den Absatz hat, obgleich er den künstlerischen Wert nach dem Urteil seines Lektors hochhob. Ich habe den Eindruck, daß er, wenn kein Erfolg kommt, nicht mehr weiter will, und von den Bedingungen, unter denen ich weiter arbeiten muß, kann ich nur sagen, daß sie unmöglich sind. Ich mußte aber gute Miene zum bösen Spiel machen, weil ich mit einem halben Riesenbuch in der Hand bei der heutigen Lage der Dinge völlig hilflos bin.«

1932 gründete sich eine Musil-Gesellschaft in Berlin, die den Autor und sein Werk finanziell unterstützen sollte. Am 19. Dezember des Jahres wurde dann der zweite Band des *Mann ohne Eigenschaften* ausgeliefert. [FLORIAN VOSS]

Literarische Spaziergänge rund um das Literaturhaus Berlin
Spaziergang 2: Nördlich des Kurfürstendamms

1 | *Kurfürstendamm 215* – Max Herrmann-Neiße

Nachbarn und Weggefährten. Eine Zerrüttung.

Max Herrmann aus Neiße, im März 1917 nach Berlin gekommen, aber als Dichter in Franz Pfemferts Aktions-Kreis längst bekannt, wurde 1926 ein Bewohner des Kurfürstendamms: »Berlin W 15, Kurfürstendamm 215, Gartenhaus 2. Stock« [*Gedenktafel am Haus*]. Zwei Häuser weiter, Nr. 217, Ecke Fasanenstraße, prunkte bis 1927 das Nelson-Theater, das Max Herrmann-Neiße als der kompetente Kabarettkritiker seiner Zeit häufig besucht hat. Joséphine Baker hat dort getanzt, auch Egon Erwin Kisch ist (konferiert von Willi Schaeffers) bei Rudolf Nelson aufgetreten. Im September 1927 eröffnete dort das Tanzkabarett Columbia. Oben im Haus gab es die Pension Stern; in sie ist 1931 Robert Musil eingezogen. Er arbeitete an seinem Roman *Der Mann ohne Eigenschaften*. 1934, als er, Rudolf Nelson und Max Herrmann-Neiße Deutschland längst verlassen hatten, wurde aus dem einst glamourösen Theater das nicht minder schöne Astor-Kino, welches schließlich einem Bekleidungsgeschäft weichen mußte.

Das Gesicht von Max Herrmann-Neiße und seine Gestalt sind bekannt. George Grosz, Ludwig Meidner, Augusta von Zitzewitz, »die« Riess (nach dem Jüdischen Adressbuch von 1929/30 wohl Frieda G. Rieß) und andere haben ihn immer wieder gezeichnet, gemalt oder photographiert, als sei er der Phänotyp seiner Jahre gewesen. Seine Porträts hängen heute in den Museen der Moderne. Max Herrmann-Neiße ist ein kleiner Mann mit empfänglichen Augen hinter großen Brillengläsern, ein Mann mit sinnlichen Lippen, zarten, sensiblen Händen. Er ist elegant gekleidet, verkehrt in den richtigen Bars und Restaurants, kennt Joséphine Baker, ist mit Liesl Karlstadt und Karl Valentin ebenso wie mit Anita Berber, Alfred Kerr, mit Ernst Blass oder Oskar Loerke befreundet. Auf seiner kahlen Kopfhaut zeichnen sich die Lineaturen des Craniums ab wie ein Memento mori. Die Kyphose, seine nach hinten ausladende Rückgratverkrümmung, bemerkt man erst auf den zweiten Blick. Der kleine Intellektuelle mit der schönen Frau an seiner Seite hatte einen Buckel. In der rechtsradikalen Presse galt er als der typische Jude. Als er, schon im Exil, deutlich machen will, daß er nicht aus rassischer Zwangsläufigkeit, sondern aus politischer Überzeugung über Zürich und Paris nach London emigriert ist, hat er sich – hoch geehrt durch den englischen PEN – bei Hermann Kesten dafür entschuldigt, auf seine evangelische, bäuerliche Herkunft aus Schlesien hingewiesen zu haben. In Deutschland hatte er solche

Richtigstellungen nicht für der Mühe wert befunden. Das wäre ihm peinlich gewesen.

Gottfried Benn, ebenfalls im Mai 1886 »östlich der Oder« geboren, arbeitete 1934 unter Berufung auf die Weinlagebezeichnungen »Hochbenn« und »Dürkheimer Benn« daran, die vor allem von dem Balladendichter Börries von Münchhausen erhobenen Zweifel an seinem »Ariertum« zu widerlegen. Schließlich wollte er Mitglied der Reichsschrifttumskammer bleiben und seine trotz aller Avancen gegenüber dem neuen Staat für nötig erachtete »aristokratische Form der Emigrierung« in die Reichswehr sichern. (Der Begriff Emigration war anderweitig besetzt, und von den Emigranten, insbesondere von Klaus Mann, hatte er sich gerade erst allzu deutlich distanziert.) Mit Hilfe des Ministerpräsidenten Göring, des Reichsministers Goebbels und ohne Zutun von Hanns Johst, des Präsidenten der Kammer, der eigentlich zuständig gewesen wäre, wurde Gottfried Benn am 18. März 1938 aus der Reichsschrifttumskammer ausgeschlossen; man sah sich nicht mehr in der Lage, ihm »die für die Ausübung der schriftstellerischen Tätigkeit erforderliche Eignung zuzubilligen«. Ein kleiner Eiferer namens Wolfgang Willrich, Verfasser der Kampfschrift *Säuberung des Kunsttempels*, hatte sich durchgesetzt. Den »lieben Heini Himmler« mit dieser Angelegenheit zu befassen, gelang nicht einmal mehr dem von Willrich geschickt umgangenen Ex-Expressionisten Hanns Johst. Benns militärärztlicher Karriere, die immerhin bis in die Bendlerstraße führte, hat dies nicht sonderlich geschadet; seine Vorgesetzten plädierten angesichts aller Angriffe auf Nichtbefassung. Benn scheint ein sehr fähiger Sanitätsoffizier gewesen zu sein. Wehrdienstschäden waren sein Fachgebiet. Den Schriftsteller, der nicht mehr publizieren durfte und auch nicht mehr besprochen werden sollte, gibt es immerhin noch 1943 in der Jubiläumsausgabe von *Kürschners Deutschem Literatur-Kalender*. Auch jenes organisationswütige Regime produzierte ungewollte Pannen.

Max Herrmann-Neiße, der Berlin am Tag nach dem Reichstagsbrand mit dem Nachtzug nach Frankfurt am Main verlassen hat (im Nachbar-Coupé hielt Claire Waldoff hof), war ein großer Bewunderer Gottfried Benns gewesen. Er hatte mehrfach über ihn geschrieben, zuletzt über *Gottfried Benns Prosa* im Juli-Heft 1929 der von Gerhart Pohl herausgegebenen Zeitschrift *Die neue Bücherschau*. Pohl lebte um die Ecke in der Uhlandstraße. Seine unparteiliche linke Literaturzeitschrift war ein Forum der damaligen Gegenwartsliteratur, auch der proletarisch-revolutionären. Herrmann-Neißes Begeisterung für Benn wendete sich in dieser Rezension gegen die »literarischen Lieferanten politischen Propaganda-Materials«. Es ging also um den Gegensatz zwischen »absoluter Kunst« und einer in den Dienst der Politik gestellten Literatur. Max Herrmann-Neiße war Mitglied der Redaktion, Johannes R. Becher und Egon Erwin Kisch waren ebenfalls Redakteure der *Neuen Bücherschau*. Letztere fühlten sich angegriffen und verließen die Zeitschrift. Es kam im Sommer und Herbst 1929 zu einem heftigen Schlagabtausch aller Beteiligten, den man als die Inszenierung eines gewollten Schismas zwischen liberalen Linken und parteilichen Linken interpretieren mag. Demnach wäre Benn nur benutzt worden, und Max Herrmann-Neiße, der sich selbst stets auf Seiten der Linken gesehen hat, ein Instrument Pohls gegen die Kommunisten in der Redaktion gewesen. Tatsächlich hat aber *Die neue Bücherschau* den Verlust der kommunistischen Leser nicht überlebt. Die lasen schon ab 1. August 1929 das neue von Johannes R. Becher und Ludwig Renn geprägte proletarisch-revolutionäre Blatt *Die Linkskurve*, das auf Wunsch den Abonnenten in der Tat politisches »Propaganda-Material« beilegte. Gerhart Pohl hat in seiner editorischen Stellungnahme die ausgeschiedenen Kollegen sehr geschickt, aber freilich ohne Erfolg an die uneingeschränkte Meinungsfreiheit der Schreibenden erinnert, die sie selbst stets genossen hatten.

In jenem August-Heft der Linkskurve versuchte Kurt Kersten zu analysieren, warum man sich von den »Literatur-Nihilisten« der *Neuen Bücherschau* glaubte trennen zu müssen. Max Herrmann-Neiße habe Gottfried Benn in seiner Rezension gerühmt, »weil er ein Rebell des Geistes, ein Aufruhrphilosoph sei, der in Kulturkrisen denke und mit Jahrtausendputschen rechne«. Kersten machte deutlich, daß ihm »die Klassenkämpfe im Jahre 1929« wichtiger seien als die Kulturkrisen des Jahrtausends. Er fühlte sich provoziert, aber sein Urteil gegenüber »Jahrtausendputschen« ist hellsichtig. 1925 hatte sich Kersten mit seiner Besprechung von Max Herrmanns Erzählung *Die Klinkerts* (aufgenommen in den Band *Die Begegnung*, 1927) in der *Literarischen Welt* noch als Verehrer Max Herrmanns bekannt: »Ich habe sie [die Erzählung] schon dreimal gelesen, und werde sie wieder und wieder lesen, denn sie ist die Naturgeschichte des wilhelminischen und noskeschen Arbeiters.« Vier Jahre später war keinerlei Toleranz mehr zugelassen. »Auch die Literatur ist Kriegsgebiet. Zum Kriegführen sind wir da!« (Johannes R. Becher, *Die Linkskurve*, Heft 1, Januar 1930). Selbst einen Jahrhundertroman wie Alfred Döblins *Berlin Alexanderplatz* versuchte man niederzumachen. Alfred Döblin hat das 1930 als »Katastrophe in einer Linkskurve« sarkastisch gebrandmarkt.

Max Herrmann-Neiße, der von Pfemfert stets als Genosse angeredete Dichter-Kritiker hatte Geröllmassen losgetreten. Pfemfert schlug sich 1930 nach einem völlig mißlungenen Rundfunkgespräch zwischen Becher und Benn auf Bechers

Seite. So sagen es Thea Sternheims Tagebücher. »Verfehlte Sache, blamable Situation«, schrieb Benn am 7. März 1930 an Thea Sternheim. Drei Jahre später bekannte Max Herrmann-Neiße: »Der Benn ist für mich eine einzige schmerzliche Scham und Widerlichkeit.« Was Gottfried Benn noch im November 1933 mit seinem Aufsatz Bekenntnis zum Expressionismus den neuen Machthabern als »letzte große Kunsterhebung Europas« empfehlen wollte, war bereits zerbrochen. Johannes R. Becher, Gottfried Benn und Hanns Johst hatten zu dieser Zerrüttung heftig beigetragen. Bereits im Frühling 1933 zeigte man das große Bildnis des Expressionisten Max Herrmann-Neiße, das George Grosz 1925 gemalt hatte, in der diffamierenden Sonderausstellung »Kulturbolschewistische Bilder« der Mannheimer Kunsthalle. Ab 1937 war es dann in der Ausstellung »Entartete Kunst« zu sehen. Der Maler lehrte seit 1932 in New York. Das zweite, etwas kleinere Porträt von 1927 hängt im Museum of Modern Art und wurde 2004 im Rahmen der MoMA-Ausstellung in Berlin gezeigt.

In der 1955 im Limes Verlag erschienenen Anthologie *Lyrik des expressionistischen Jahrzehnts* sind Johannes R. Becher und Gottfried Benn (wie außer ihnen nur Georg Heym) mit je zwölf Gedichten vertreten, der 1941 in London gestorbene Max Herrmann-Neiße mit vier Gedichten. Benn war nicht der Herausgeber, aber immerhin der Verfasser der Einleitung. Jetzt war er wieder gefordert zu erläutern, was denn das Einende des Expressionismus gewesen sei.

Die ersten Veranstaltungen des neu gegründeten Literaturhauses Berlin mussten außerhalb stattfinden, da das Haus im Frühjahr 1986 noch immer Baustelle war. Zwei hundertste Geburtstage sollten begangen werden. Den von Gottfried Benn haben wir am 29. April in der Staatsbibliothek gefeiert; damals lebte noch Ilse Benn. Für den Geburtstag von Max Herrmann-Neiße sind wir am 23. Mai 1986 auf die Straße gegangen. Die Veranstaltung mit Klaus Völker fand auf den Treppenstufen des Hauses Kurfürstendamm 215 statt. [HERBERT WIESNER]

2 | *Kurfürstendamm 29* – Karl und Robert Walser

Als Robert Walser von Januar bis Juni 1910 die Atelier-Wohnung seines Bruders Karl Walser im Hinterhaus des Kurfürstendamms 29 bewohnte, sollte dies das letzte Mal sein, dass der Bruder dem Bruder ein Obdach gewährte. Der anerkannte Maler und Bühnenbildner hatte schon mehrfach seine Bleibe zur Verfügung gestellt. 1905 bis 1907 wohnte Robert bei Karl in der Kaiser-Friedrich-Straße 70 [*Gedenktafel am Haus*]. Auch als 1908 Paul Cassirer Karl eine sechsmonatige Japanreise spendierte, hütete Robert dessen Wohnung in Berlin.
Robert Walser hatte 1905 der Schweiz endgültig den Rücken gekehrt, eine aussichtsreiche Stelle bei der Zürcher Kantonalbank hingeworfen und wollte – Berlin als Prüfstein – in der Großstadt ein anerkannter Schriftsteller werden. Karl Walser, seit 1899 in der Reichshauptstadt, war bereits zu einem »Erfolgsmenschen« geworden. Er gestaltete diverse Bühnenbilder für Regiearbeiten Max Reinhardts, konnte seine Bilder bei den Ausstellungen der Berliner Secession präsentieren und stattete das Landhaus des Verlegers Samuel Fischer mit Wandmalereien aus.
Karl Walser führte den Schriftsteller in die Berliner Gesellschaft ein und sorgte für die notwendigen Kontakte, zum Beispiel zu Bruno und Paul Cassirer sowie zu S. Fischer. Auf Anregung von Bruno Cassirer soll Walser seinen ersten Roman *Geschwister Tanner* (1907) geschrieben haben, der dann auch im Verlag Bruno Cassirer erscheint. Die Romane *Der Gehülfe* (1908) und *Jakob von Gunten* (1909) wurden ebenfalls von Cassirer publiziert, zu allen Publikationen gestaltet Karl Walser die Einbände oder schuf die Illustrationen. Kritiker waren begeistert, Kafka oder Morgenstern zählten zu Robert Walsers Bewunderern und Förderern. Die *Schaubühne* Siegfried Jacobsohns druckte zahlreiche Prosastücke ab, Zeitungen veröffentlichten Feuilletons und Gedichte. Die kulturelle Welt Berlins beginnt, ihn als Schriftsteller wahrzunehmen. Über den Berliner Westen schreibt er in einem seiner Artikel: »Die Armut scheint hinausgeschoben in die Viertel, die an die offenen Felder streifen, oder nach innen ins Düster und Dunkel der Hinterhäuser gedrängt, die von den herrschaftlichen Vorderhäusern verdeckt werden wie von mächtigen Körpern. Es scheint, als habe die Menschheit aufgehört zu seufzen und angefangen, ihres Lebens und Daseins endgültig froh zu sein. Doch der Schein trügt.« Es hätte nun eigentlich für Robert Walser stetig bergauf gehen können unter solch denkbar günstigen Koordinaten.
Doch die Geschichte nahm einen anderen Verlauf. Vielleicht lag es daran, daß er

sich nicht in die literarischen Kreise Berlins integrieren konnte oder wollte – zeitweilig galt er als zu meidendes Enfant terrible (einer der Höhepunkte war wohl die Zerstörung der Caruso-Platten des Verlegers S. Fischer). Vielleicht lag es auch daran, daß sein letzter Roman *Jakob von Gunten* von Kritik und Publikum abgelehnt wurde – jedenfalls kommt dem Autor zunehmend das Vertrauen in sein schriftstellerisches Können abhanden. Durch sein gesellschaftliches Gebaren bahnte sich auch der Bruch mit seinem Bruder an. Als Karl Walser im Januar 1910 Hedwig Czarnetzki heiratete, fühlte sich Robert zusätzlich wie vor den Kopf gestoßen. Die stets gefühlte Geistesverwandtschaft wurde argwöhnisch hinterfragt, das Künstlerdasein des Malers sogar in Frage gestellt. Dennoch überließ Karl seinem Bruder während seiner Hochzeitsreise sein Domizil am Kurfürstendamm. Nach dessen Rückkehr bezieht Robert sein letztes Berliner Quartier, Spandauer Berg 1, beinahe außerhalb der Stadt gelegen. Er vermeidet soziale Kontakte. Hier kann er sich »verborgen« fühlen. Gelegentliche Veröffentlichungen kommen vor, doch das Schreiben versiegt nach und nach. Der Dichter steckt mitten in einer tiefen Depression. Im Februar 1913 verlässt er endgültig Berlin und kehrt zurück in die Schweiz. [SEBASTIAN JANUSZEWSKI]

3 | *Schlüterstraße 45* – Johannes R. Becher

Im Juni 1945 kehrte der ex-expressionistische Dichter und nunmehr staatssozialistische Schriftsteller und Politiker Johannes R. Becher aus der russischen Emigration zurück und bezog eine Unterkunft im zweiten Stock der Schlüterstraße 45: »Einquartiert zunächst in eine freigemachten Wohnung, wo noch allerlei herumliegt: Es war wirklich keine Bedürfnislosigkeit, man hatte reichlich gehabt […] In meiner Nähe fährt eine Straßenbahn, irgendwo an einer Ecke ein zerschossener zweistöckiger Omnibus«, schrieb er an seine Frau Lilly. Einige Zeilen später berichtete er über das Nachkriegsleben in den Straßen: »Ratten noch keine gesehen. In dem Viertel, in dem ich wohne, Wasser und elektrisches Licht. In der Berliner Schultheißkneipe, in der wir á la [Hotel] Lux essen, bedienen russische Mädchen, die nach Berlin verschleppt wurden.«

Noch im selben Monat gründete er zusammen mit einigen Genossen den Kulturbund zur demokratischen Erneuerung Deutschlands; die Schlüterstraße 45 diente als Präsidiums-Adresse.

Schon im Winter 1945 zog Becher nach Hohenschönhausen um. Dort wird er einige Jahre später die Nationalhymne der sich in Gründung befindlichen DDR schreiben und ihr in der zweiten Hälfte der 50er Jahre in kulturellen Angelegenheiten als Minister vorstehen. [FLORIAN VOSS]

4 | *Pariser Straße 24** – Siegfried Kracauer

Im April 1930 kam Kracauer als frisch angestellter Feuilleton-Redakteur für die Frankfurter Zeitung nach Berlin. Zusammen mit seiner Frau Lili nahm er sich eine viel zu kleine Unterkunft in der Pariser Straße 24 bei Müller-Laessing. Schon im November zog das Paar weiter in die Lietzenburgerstraße 7. Auch diese Unterkunft entsprach nicht ihren Bedürfnissen; im September 1931 verliessen die Kracauers das Viertel und zogen in eine geräumige Wohnung in der Sybelstraße 35 [*Gedenktafel am Haus*]. [FLORIAN VOSS]

5 | *Schlüterstraße 53* – Oskar Pastior

»Indem ich schreibe, begebe ich mich aber ganz allein in die Mehrheit.«, steht auf der Tafel, die am Haus Nr. 53 in der Schlüterstraße an Oskar Pastior erinnert. Hier lebte der Dichter und Übersetzer von 1985 bis zu seinem Tod am 4. Oktober 2006 in Frankfurt am Main. »Obwohl mein Vater nicht nur Zeichenlehrer war, sondern auch später einmal starb, hat meine Mutter mich zwar sowohl in Siebenbürgen als auch in jenem Jahre, das für mein weiteres Leben ausschlaggebend werden sollte, aber doch geboren.« Mit diesem Satz beginnt der einzige explizit autobiographische Text von Oskar Pastior, der 1985 in dem Bändchen *Ingwer und Jedoch* erschienen ist. Was aber war ausschlaggebend an dem Jahr 1927, an dessen 20. Oktober Oskar Pastior im siebenbürgischen Hermannstadt (rum. Sibiu) geboren wurde? Vielleicht die Tatsache, für Hitlers und Antonescus Krieg zu jung, ja eigentlich auch knapp unterhalb der Altersgrenze jener gewesen zu sein, die im Dezember 1944 im Rücken der auf Berlin zustrebenden Front in die Zwangsarbeitslager des Donbaß deportiert wurden. Aber das dreiviertel Jahr, das ihn von den Arbeitssklaven hätte trennen sollen, übersahen die sowjetischen und rumänischen Militärkommandos und schickten den Gymnasiasten auf seine erste große Reise. Ausschlaggebend war auch diese, und zwar dafür, daß der »unter den Dampfkesseln Nachtschicht« beim Schaufeln heißer Schlacke Verrichtende darüber nachdenken konnte, »wie Schuld und Sühne sich zu Krieg und Frieden verhalten«, daß er die Herzschaufel kennen und handhaben lernte und Herta Müller viele Jahrzehnte später den Lageralltag so detailliert darzustellen vermochte, daß sie wahrheitsgetreu hinzuerfinden konnte, was ihr in ihrem großen Roman *Atemschaukel* als erzählenswert erschien. Ausschlaggebend waren die fünf Jahre im Arbeitslager wahrscheinlich auch dafür, daß der nunmehr in Bukarest für eine deutschsprachige Rundfunksendung arbeitende Oskar Pastior im Juni 1961 dem Druck des rumänischen Geheimdienstes nachgab und einwilligte, unter dem Decknamen »Stein Otto« als Informant tätig zu werden; die Angst, im Verweigerungsfall für mehrere Jahre ins Gefängnis zu müssen, wird ihm wohl die Hand geführt haben, als er jene Verpflichtungserklärung unterschrieb, der er sich erst durch seine Flucht nach Deutschland 1968 entziehen konnte.

1969 kam Oskar Pastior aus München nach Berlin und fand einen ruhigen Wohn- und Lebensort in einer Wohngemeinschaft in der Clausewitzstraße 2. Hier lebte im Hinterhaus auch seine ›russische Gräfin‹, eine jener alten Damen, die vor Lenins Revolution nach Berlin geflohen waren und das Rußland ihrer Kindheit und Jugend keinen Augenblick lang vergaßen. Sie war die Schwester des Dirigenten Leo Borchard, der seit Mai 1945 die Leitung der Berliner Philharmoniker übertragen bekommen hatte und am 23. August 1945 von einem amerikanischen Militärposten aufgrund eines Mißverständnisses erschossen wurde – Ruth Andreas Friedrich, seine Lebensgefährtin, hat dies in ihrem Buch *Schauplatz Berlin* als unmittelbar Beteiligte beschrieben. Im gleichen Haus wohnte auch der Literaturwissenschaftler Franz Schonauer, der noch wenige Jahre vorher Lektor für deutsche Gegenwartsliteratur im Luchterhand Verlag war, in dem nun Oskar Pastiors Gedichtband *Gedichtgedichte* erschien. Die beiden folgenden Gedichtbände *Höricht* und *Fleischeslust* erschienen dann schon im Verlag von Klaus Ramm, der ebenfalls den Luchterhand Verlag verlassen hatte und als Germanist in Bielefeld jene Bücher verlegte, die es aufgrund ihrer sprachexperimentellen Verfahrensweise schwer hatten, in großen Verlagshäusern publiziert zu werden.

Im Mai 1985, Oskar Pastior hatte sich als Dichter und Übersetzer moderner Poesie längst einen Namen erworben, zog er in die Wohnung Schlüterstraße 53, die er sich mit Gudrun Lebede und dem Kater Max teilte. Hier bewirtete er einen Abend lang die Autoren des OULIPO, die ihn 1993 zu ihrem bislang einzigen deutschen Mitglied gewählt hatten, hier besuchte ihn Herta Müller vom Herbst 2002 an beinahe jeden Montag. Schon bald schrieben sie an dem gemeinsam geplanten Buch über seine Lagererlebnisse, das Herta Müller nach Oskar Pastiors Tod allein und anders, als das gemeinsame Schreibprojekt angelegt war, zum Roman *Atemschaukel* formte. [ERNEST WICHNER]

6 | *Bleibtreustraße 10/11* – Mascha Kaléko

Mascha Kalékos Familie wanderte 1914 von Westgalizien nach Deutschland aus. Als Mascha elf Jahre alt war, kam die Familie 1918 in Berlin an.

Mascha besuchte die Realschule, war anschließend mit wenig Begeisterung Bürolehrkraft im Arbeiterfürsorgeamt der jüdischen Organisationen Deutschlands und begann daraufhin, ihre ersten Gedichte über das Angestelltenmilieu und das Großstadtleben zu schreiben.

1929 wurden erste Gedichte von ihr im *Querschnitt* veröffentlicht, im darauffolgenden Jahr in der renommierten *Vossischen Zeitung*.

Mascha Kaléko erzählte 1960 von dieser Anfangszeit in ihrem Vortrag »Die paar leuchtenden Jahre«: »[…] Und im Romanischen Café brachte der Zeitungsjunge schon eine nette Anzahl von Zeitschriften, in denen mein Name zu finden war. Nun las ich auch im Rundfunk und trat sogar in einem literarischen Kabarett auf. Im ›Kü-Ka‹. Das war neben dem Romanischen, in der Budapester Straße, die damals noch keine Ruinenwüste war (heute sollte man sie eher Budapußta Straße nennen). Dieses denkwürdige Künstler-Kabarett an der Gedächtniskirche war so eine Art Talentwiege. Dort vernahm man zuerst die scharfen Pointen des schon damals berühmten Erich Kästner.«

Mascha Kaléko sollte in den nächsten Jahren ebenso berühmt werden. Im Januar 1933 erschien ihr *Lyrisches Stenogrammheft*, das ein überwältigender literarischer Erfolg wurde. Kurz darauf zog Mascha Kaléko in die Meierottostraße 7. 1935 folgte ihr Gedicht- und Prosaband *Kleines Lesebuch für Große*, das im nächsten Jahr in die zweite Auflage ging. Beide Bände wurden – trotz Mascha Kalékos jüdischer Herkunft – von Ernst Rowohlt verlegt, teilweise aber kurz nach der Publikation beschlagnahmt.

Mascha Kaléko zog sich nach 1935 mehr und mehr ins Privatleben zurück und bezog 1936 zusammen mit ihrem Ehemann Saul eine Wohnung in der Bleibtreustraße 10/11 [*Gedenktafel am Haus*]. Dieser Straße und ihrer Wohnung setzte sie Jahre später, bei einem Berlinbesuch wenige Monate vor ihrem Tod 1975, mit dem Gedicht *Bleibtreu heißt die Straße* ein Denkmal: »Vor fast vierzig Jahren wohnte ich hier […] / Was willst du von mir Bleibtreu? / Ja, ich weiß. Nein, ich vergaß nichts. / Hier war mein Glück zu Hause. Und meine Not. / Hier kam mein Kind zur Welt. Und mußte fort. / Hier besuchten mich meine Freunde. / Und die Gestapo […]«   [FLORIAN VOSS]

7 | *Carmerstraße 3* – Walter Benjamin

Im Oktober 1930 bezog der 1892 geborene, und in Berlin aufgewachsene Walter Benjamin in der Prinzregentenstraße 66 die Atelier-Wohnung von Eva Boy (eigentlich Eva Hommel). Der Aufenthalt war zunächst nur provisorisch gedacht, doch die Adresse behielt er bis zu seiner Emigration. Zuvor hatte er ausschließlich zur Untermiete oder in Hotelzimmern gewohnt. In der neuen Wohnung erarbeitete er große Teile der Biographie seiner Kindheit. Der ursprüngliche Plan Benjamins war es gewesen, die Bewegungsspuren seines Lebens in Berlin in einen Pharusplan einzutragen, einem seinerzeit populären Stadtplan. Es wurde dann aber doch ein Konvolut geschriebener Erinnerungen mit dem Titel *Berliner Kindheit um neunzehnhundert*. Über das Haus in der Carmerstraße 3, in dem die elterliche Wohnung von 1902 bis 1912 gelegen hatte, schrieb er: »Noch heute kann ich, wenn ich den Savignyplatz passiere, die Angst vergegenwärtigen [...] der ganze Bau [war] von altjungferlicher, trauriger Sprödigkeit [...] keine einzige heitere Erinnerung bewahre ich an ihn.«

Sein neues Domizil in der Prinzregentenstraße [*Gedenktafel am Haus*] gefiel ihm dagegen besser, an seinen Freund Gershom Scholem schrieb er über die Wohnung: »Also um auf das Arbeitszimmer zu kommen, so ist seine Einrichtung zwar auch nicht abgeschlossen, aber schön und bewohnbar ist es. Auch stehen nun meine ganzen Bücher und selbst in diesen Zeiten sind sie mit den Jahren von 1200 – die ich doch längst nicht alle behalten habe – auf 2000 angewachsen. Merkwürdigkeiten hat dies Arbeitszimmer: einmal besitzt es keinen Schreibtisch; im Lauf der Jahre bin ich durch eine Reihe von Umständen, nicht nur durch die Gewohnheit viel im Café zu arbeiten, sondern auch durch manche Vorstellungen, die sich an die Erinnerung meines alten Schreibtisch-Schreibens anschließen, dazu gekommen, nur noch liegend zu schreiben. Von meiner Vorgängerin habe ich ein Sofa von wundervollster Beschaffenheit zum Arbeiten übernommen. Dieses ist also die erste Merkwürdigkeit und die zweite ein sehr weiter Blick über das alte zugeschüttete Wilmersdorfer Luch, oder wie es auch hieß, den Schrammschen See.« [FLORIAN VOSS]

8 | *Carmerstraße 1* – KP Herbach + der Buchhändlerkeller

Der Türstock des Buchhändlerkellers, der die beiden Räume des gar nicht im Keller liegenden Lesungsortes verbindet, bildete das wohl außergewöhnlichste Podium einer literarischen Einrichtung. Um auch wirklich allen Anwesenden eine gute Sicht zu ermöglichen, las der Schriftsteller zwischen den beiden Zimmern und somit: gegen die Wand. Noch heute weist ein kleines Schild am Türrahmen auf diese Darbietungsform hin: »Hauptbühne u. Kulissenraum«. Der Buchhändlerkeller existierte schon seit 1967. In der Görresstraße 8 (Berlin-Friedenau) wurde damals tatsächlich im Keller einmal die Woche gelesen. Gegründet von engagierten Jungbuchhändlern, avancierte die Kultureinrichtung bald zur gefragten Vorlese- und Diskussionsplattform auf der damaligen Insel West-Berlin. Legendär sind die Debatten, die im Anschluß an die Lesungen stattfanden. In diesen Streitgesprächen ging es teilweise äußerst heftig zu. So soll Peter-Paul Zahl einmal H. C. Artmann beinahe mit einem Backstein beworfen haben. Dies konnte nur in letzter Sekunde verhindert werden. Aufgrund von steigenden Mieten und wohl auch, weil Heiz- und Sanitärbedingungen unakzeptabel waren, wurde der alte Buchhändlerkeller 1972 geschlossen. Man sah sich nach einem anderen Veranstaltungsort um und wurde 1976 in der ehemaligen Galerie des Kunsthändlers Michael S. Cullen, Carmerstraße 1, fündig. Von nun an zeichnet KP (Klaus-Peter) Herbach allein für das Programm verantwortlich. KP, 1944 in Reinickendorf geboren, absolvierte eine Buchhändlerlehre und studierte Germanistik bei Walter Höllerer an der Technischen Universität. Hauptberuflich war er Pressereferent an der Akademie der Künste, sein persönliches Steckenpferd aber war der Buchhändlerkeller. KP lud die Autoren ein und moderierte die Lesungen. Ausstellungsplakate zierten die Wände, alte Plakate wurden nicht etwa entfernt, sondern neue stets auf höchst sorgfältige und auf Komposition bedachte Art über die vorhandenen geklebt. Seinen Platz fand man auf ausgedienten grünen Straßenbahn- und Doppeldeckerbussitzen.

KP wurde zu einer literarischen Instanz. Autoren baten ihn vielfach um Rat. Herbach galt als erster Anlaufpunkt für Schriftsteller, die die DDR verlassen hatten. Für viele Dichter stellte eine Lesung im Buchhändlerkeller eine Art Ritterschlag in der literarischen Welt dar. Auf Exklusivität legte Herbach besonderen Wert. Er bestand, soweit realisierbar, auf das »ius primae noctis«, die erste Lesung aus einem neuen Werk. Im Anschluß an die Veranstaltung war, auch durch den intimen Rahmen – im Buchhändlerkeller können maximal 60 Zuhörer Platz finden –, ein Gespräch mit dem Autor durchaus möglich. Wenn aber KP's kräftige Stimme mit dem Spruch: »Leere Flaschen und Gläser bitte zum Tresen. Das hilft uns entscheidend beim Aufräumen.«, zu hören war, brach man auf in eine der benachbarten Kneipen.

Als Herbach am 12. Januar 2004, zwei Monate vor seinem 60. Geburtstag, überraschend starb, bildete sich rasch ein Freundeskreis, der ehrenamtlich und ohne staatliche Unterstützung die Tätigkeit des Buchhändlerkellers fortsetzte. Das Programm wurde erweitert, die Räume wurden saniert. Dank dieser Initiative ist der Buchhändlerkeller noch heute eine der ersten Adressen im literarischen Leben Berlins. [SEBASTIAN JANUSZEWSKI]

9 | *Carmerstraße 16* – Carl Zuckmayer

Carl Zuckmayer zog 1920 im Alter von 24 Jahren von Heidelberg nach Berlin. Er kam anfänglich bei dem Regisseur Ludwig Berger in der Carmerstraße 16 unter, der einige Monate später sein erstes Theaterstück *Kreuzweg* am Staatlichen Schauspielhaus inszenierte. Das leicht wirre und übermäßig pathetische Stück wurde bereits nach drei Tagen abgesetzt, und Zuckmayer war gezwungen, in der nächsten Zeit als Bänkel-Sänger in Kneipen zu arbeiten, als Statist beim Film, als Anreißer für illegale Vergnügungslokale und kurzfristig auch als Drogendealer. Dies ließ er jedoch sehr schnell sein, da er beinahe verhaftet wurde.
Nach Zwischenstationen als Dramaturg in Kiel und München – wo er Bert Brecht kennen lernte – kam Zuckmayer 1924 nach Berlin zurück und zog in die Lietzenburger Straße 14. Zusammen mit Brecht trat er eine Anstellung als Dramaturg am Deutschen Theater an, wo wenig später auch sein zweites Stück *Pankraz erwacht oder Die Hinterwäldler* durchfiel. Dann endlich, am 22. Dezember 1925 wurde sein drittes Stück *Der fröhliche Weinberg* am Theater am Schiffbauerdamm uraufgeführt. Es wurde ein überwältigender Erfolg und bis 1933 eines der meistgespielten Dramen der Weimarer Republik. Über die Premierenfeier schrieb Zuckmayer: »Inmitten all der Menschen, denen vor Lachen die Tränen herunterliefen und die Frackhemden knitterten – während fremde Leute sich gegenseitig auf die Schulter schlugen –, waren nur zwei Personen todernst und verzogen keine Miene: das waren meine Frau und meine Mutter.«
Von den Tantiemen des *Fröhlichen Weinbergs* erwarb Zuckmayer zusammen mit seiner zweiten Frau Alice Frank das Haus Wiesmühl in Henndorf bei Salzburg, wo in den folgenden Jahren fast alle seine literarischen Arbeiten entstanden. Kurz nach dem Umzug wurde Zuckmayers erste Tochter geboren, und der Karl-May-Fan gab ihr den Namen Maria Winnetou. [FLORIAN VOSS]

10 | *Uhlandstraße 194* *– Ricarda Huch

Im Sommer 1927 übersiedelte Ricarda Huch von München nach Berlin in die Uhlandstraße 194 (in den dritten Stock des Hauses), wo sie bis in den Herbst 1932 bei ihrer Tochter Marietta und deren Mann Franz Böhm wohnen wird. Hier beendete sie die Arbeit an ihrem Manuskript *Lebensbilder deutscher Städte – Im alten Reich*. Im Alter von 64 Jahren fiel es ihr anfangs nicht leicht, sich an den weltstädtischen Rhythmus zu gewöhnen, aber schon nach einem halben Jahr nahm sie es mit Gleichmut, wie sie dem Kunstkritiker Ulrich Christoffel schrieb: »Zuerst, wenn ich ausging, dachte ich immer, wer weiß, ob du heil oder lebendig wiederkommst, es ist ja aber auch egal, einmal muß es doch sein; jetzt habe ich mir die Methode, seelenruhig zwischen Autos, Trams und anderen Vehikeln durchzuschleichen, leidlich angeeignet.«

Im Oktober 1932 zog sie weiter nach Heidelberg, 1934 nach Freiburg, 1936 schließlich nach Jena, wo sie bis Oktober 1947 bleiben wird. Zuvor jedoch, im Juli ihres Todesjahres 1947, besuchte sie noch einmal das kriegszerstörte Berlin: »Diese Trümmerwelt gibt mit dem Leben dazwischen einen unbeschreiblich grausig-großartigen und zuweilen gespenstischen Akkord«, schrieb sie in einem Brief. Und in einem anderen berichtete sie: »Daß die innere Stadt jemals wieder aufgebaut werden könnte, ist ausgeschlossen. Am Kurfürstendamm ist das unterste Stockwerk meist noch erhalten, und da sind kleine Läden eingebaut, besonders viel Parfümerien, alles zu ungeheuren Preisen, und Buchhandlungen, d.h. Antiquariate. Es müssen jetzt natürlich sehr viele Leute Sachen verkaufen.« Nach zehn Tagen reiste sie zurück in das vom Krieg weniger versehrte Jena.

[FLORIAN VOSS]

11 | *Kantstraße 152* – Kurt Tucholsky

Kurt Tucholsky, der ab 1924 größtenteils in Paris lebte, kehrte bis 1930 immer wieder sporadisch nach Berlin zurück, unter anderem um im Dezember 1926, nach dem Tode Siegfried Jacobsohns, die Leitung der *Weltbühne* zu übernehmen. Allerdings gab er den Redaktionsvorsitz schon im Mai 1927 an Carl von Ossietzky ab. Tucholsky wurde weiterhin als Mitherausgeber genannt und veröffentlichte Beiträge in der Wochenzeitung, eine leitende Tätigkeit lehnte er jedoch ab. Die *Weltbühne* hatte seit April 1927 ihren Sitz in der Kantstaße 152 [*Gedenktafel am Haus*]. Kurt Tucholsky gab, da er in Hotels oder kurzzeitig zur Untermiete wohnte, die Verlagsadresse in seiner Korrespondenz an. Im Mai 1928 schrieb er mit dieser Adresse an den Schriftsteller Emil Ludwig einen humorigen Brief, in dem er sich für seine Vermieterin ausgab: »Sehr geehrter Herr Ludwig! Der Herr, was bei mir möbliert wohnt, hat dauernd Weinkrämpfe und liegt unter dem Bett. Wenn ich ihn hervorziehen will, schreit er und sagt, er kommt nicht, bis man ihm die Karte vorgelesen hat, die Sie ihm geschrieben haben. Er kann sie nämlich nicht lesen. Er möchte sie aber gern lesen. Wo er sie doch aber nicht lesen kann? Tun Sie mir einen einzigen Gefallen, und schreiben Sie dem Mann unter dem Bett schleunigst, was Sie ihm geschrieben haben. Denn es muß einmal aufgefegt werden im Zimmer, und ein möblierter Herr neben dem Nachttopf – ein pures Ding der Unmöglichkeit. In höchster Verzweiflung. Ihre ergebene Martha Knautschke, bessere Tage gesehen habende Zimmerwirtin.« Auch unter der Tünche des Humors zeichnete sich schon Tucholskys desolate Stimmung ab. Er verlegte bereits 1930 seinen festen Wohnsitz nach Schweden, als er einsehen mußte, daß der Niedergang Deutschlands nicht mehr aufzuhalten war. Walter Hasenclever ließ er am 11. April 1933 wissen: »Daß unsere Welt in Deutschland zu existieren aufgehört hat, brauche ich Ihnen wohl nicht zu sagen. Und daher: Werde ich erst mal das Maul halten. Gegen einen Ozean pfeift man nicht an.«
Und zwei Jahre später schrieb er, in dem letzten Brief vor seinem Freitod, an den nach Palästina emigrierten Arnold Zweig: »Ich habe mit diesem Land, dessen Sprache ich so wenig wie möglich spreche, nichts mehr zu schaffen. Möge es verrecken – möge es Rußland erobern – ich bin damit fertig.«   [FLORIAN VOSS]

12 | *Kantstraße 162* * – Franz Jung

Der Schriftsteller, Deserteur, Revolutionär und KAPD-Mitbegründer Franz Jung, der nach dem Ersten Weltkrieg aktiv an der Novemberrevolution beteiligt gewesen war, zog Ende der 20er Jahre in die Kantstraße 162. Ein halbes Jahrzehnt zuvor hatte er schon nähere Bekanntschaft mit dem Bezirk gemacht, als er an der Sprengung einer Charlottenburger Brücke beteiligt gewesen war. In seinen Erinnerungen *Der Weg nach unten* berichtete er: »Die anderen beiden, für die Charlottenburger Brücke bestimmt, konnten die Ladung nicht nach oben bringen, begnügten sich damit, das Zeug unter der Wellblech-Pißbude anzubringen, die unter der Unterführung stand. Erfolg war, daß die Wellblechbude in die Luft flog, ohne sonst irgendwelchen Schaden anzurichten. [...] Einen großen Erfolg, den einzigen, hatten wir dagegen bei der ›B.Z. am Mittag‹: [...] Bombenanschlag im Grunewald, Bombenanschlag in Oberschöneweide, Bombenanschlag auf die Charlottenburger Eisenbahnbrücke – das waren in Fünf-Zentimeter-Lettern die Überschriften, – Eingreifen von Polizei und Sicherheitstruppen bevorstehend – Belagerungszustand? Aber es rührte sich sonst nichts. Auch das Berliner Mittagsblatt konnte mit dem Bürgerschreck die Revolution nicht in Gang bringen!«

Als Jung dann später in die Kantstraße zog, war es etwas ruhiger um ihn geworden. Er gründete zusammen mit einem Freund in seiner Wohnung den *Deutschen Korrespondenz-Verlag*, aber schon 1932 wurde sein Kompagnon wegen undurchsichtiger Geschäfte verhaftet, und auch Franz Jung tauchte für kurze Zeit unter. Um so erfolgreicher lief stattdessen sein *Dreigroschen-Keller*, eine Mischung aus Künstlerkneipe und Ganovenabsteige, die er ebenfalls Ende der 20er Jahre gegründet hatte. Das Lokal befand sich nur wenige Schritte von seiner Wohnung entfernt in der Kantstraße 126. [FLORIAN VOSS]

13 | *Kurfürstendamm 238** – Romanisches Café

Das Romanische Café war der Wartesaal für Intellektuelle der 20er Jahre, es befand sich in dem neuromanischen Gebäude, Kurfürstenstraße 238, das 1925 zur Budapester Straße 10 umbenannt wurde. Auch hier betrieb John Höxter seine systematische Schnorrerei. So berichtet der Stammgast Paul Marcus, damals Feuilletonist beim *12-Uhr-Blatt*: »[...] also man gab sehr gerne Höxter die zehn Pfennig oder zwanzig Pfennig, die er schnorren kam, und ich zitiere auch einen sehr schönen Tagesablauf aus dem Romanischen, der das so nach Stunden aufführt, und immer wieder an das Ende der Rubrik schreibt: Elf Uhr, Höxter kassiert seine zwanzig Pfennig, dreizehn Uhr, Höxter kassiert seine zwanzig Pfennig.« Auch andere Exzentriker verkehrten im Romanischen: So gab es den Tisch der bewußt Infantilen: »Dort saßen die Mascha, ein hellhäutiges Mädchen mit aufgeworfenen Lippen, die schöne schlanke Judith Prendski und das hauchdünne blonde ›Mädchen Peter‹ (sie führte ein Doppelleben, sonntags in den Potsdamer Adelskreisen, denen sie entstammte, und wochentags, anstatt Kostümstudien im Lipperheide-Archiv zu treiben, schon von mittags an im ›Romanischen‹; sie war eine ›Erz-Infantile‹, dem Dadaismus nahe)«, berichtete der Schriftsteller und Journalist Georg Zivier, »als einzige männliche Person saß jetzt Gerhard Pegel in dieser kleinen Runde, ein knochiger Anarchist mit hoher Stirn und frühkeimender Glatze, ein schäumend berserkerhafter Revoluzzer, dem selbst die Kommunisten schon viel zu weit rechts waren: ›Überhaupt keine Regierung!‹ war sein ›politisches Programm‹. ›Wenn einer nur sagt: alle mal hierher hören, dann gleich eins mit dem Knüppel auf den Kopf, ja auf den Kopf mit dem Knüppel!‹«

Und selbst die Kellner des Romanischen konnten dichten. Wieder erinnert sich Zivier an eine kleine Szene: »Im Café saßen jetzt einige unbekannte Schnitzelesser. Eine kleine Tafelrunde in unserer Nähe bestellte: der eine einen Cocktail, der andere ein Bockbier, der dritte Spiegeleier mit Speck und die dazugehörige Dame eine Schokolade. ›Ein Schok, ein Bock, ein Coc, ein Hämänex‹, rief der Kellner in die Durchreiche.«

[FLORIAN VOSS]

Abb. 7 (*vorige Seiten*): Auguste-Viktoria-Platz, Blick auf das Romanische Café, rechts die Tauentzienstraße um 1930. Foto [Bildarchiv Preussischer Kulturbesitz].

14 | *Kurfürstendamm 18/19** – Café des Westens

Das Café des Westens war ohne Zweifel das wichtigste Künstlercafé des alten Berliner Westens. Hier verkehrten in den ersten Jahren des Zwanzigsten Jahrhunderts solche Dichter wie Erich Mühsam, Paul Scheerbart, Else Lasker-Schüler und Ernst Blaß. Zudem war ein hauptberuflicher Bohemien und Schnorrer aus den verqualmten Räumen nicht wegzudenken: Der bekennende Homosexuelle, Maler und Morphinist John Höxter verbrachte hier die meiste Zeit seines Lebens und zeichnete die Gäste, wenn er sich nicht gerade um Einkünfte bemühte. Er beschrieb die Atmosphäre des Cafés wie folgt: »›Tag, Herr Höxter!‹ In der Tür steht der ›rote Richard‹ und salutiert mit einem Zeitungshalter. ›Am Buffet liegt ein Brief für Sie!‹ Hinter ihm grüßt von oben herab eine Gipsbüste Wilhelms II., mit unbeabsichtigter Symbolik auf dem Quasselkasten, dem Telefonhäuschen, postiert. Zwei Minuten bleibe ich stehen, um Hausschlüsselfragen mit Jacob van Hoddis zu ordnen (dem Teilhaber meiner Zwei-Zimmer-Wohnung), dann treibt es mich weiter, meinen Brief zu holen.«

Mit Jacob van Hoddis hatte Höxter sich 1911 eine karg eingerichtete Wohnung, etwas außerhalb des Kiezes, in der Joachim-Friedrichstraße 20 genommen, in der auch der Dichter Georg Heym nächtigte, wenn er wieder einmal Streit mit seinen Eltern bekommen hatte.

1913 verlegte der Besitzer das Café in größere Räume und nicht nur John Höxter zog ein paar Häuser weiter ins Romanische Café, als im neuen Café des Westens die Dichter hinaus komplimentiert wurden, um Platz für neue, zahlungskräftigere Gäste zu schaffen, auch der Zeitungskellner, der »rote Richard«, verließ seine alte Wirkungsstätte und fand neue Anstellung im Romanischen.   [FLORIAN VOSS]

15 | *Kurfürstendamm 25* – Joseph Roth

Joseph Roths erste Berliner Jahre fielen in die Zeit, in der Irmgard Keun noch Schülerin eines Kölner Lyzeums und eines Bad Grunder Pensionats war.
Roth war im Juni 1920 mit seiner Braut Friederike Reichler aus Wien nach Berlin gezogen. Schon im Februar 1921 bekam er eine feste Anstellung beim *Berliner Börsen-Courier*. Wie zuvor auch in Wien, lebte Roth ausschließlich in Hotelzimmern, von kurzen Aufenthalten bei Freunden abgesehen. Seine bevorzugte Adresse in den frühen 20ern war das Hotel am Zoo, Kurfürstendamm 25. An Stefan Zweig schrieb er: »Seit meinem achtzehnten Lebensjahr habe ich in keiner Privatwohnung gelebt [...]. Alles was ich besitze sind 3 Koffer. Und das erscheint mir gar nicht merkwürdig. Sondern merkwürdig und sogar ›romantisch‹ kommt mir ein Haus vor, mit Bildern und so weiter.«
Zwar wohnte Roth in Hotels, arbeitete aber fast ausschließlich in Kaffeehäusern und Lokalen. Die Berliner Tage verbrachte er redend und schreibend in den Sitznischen der Mampestuben am Kurfürstendamm 14/15 [*Gedenktafel am Haus*]. Hier schrieb er seinen zweiten Roman *Hotel Savoy*, der im Herbst 1924 im Verlag *Die Schmiede* publiziert wurde.
1925 verließ er Berlin vorläufig und siedelte nach Paris über, sollte sich aber ab den späten 20ern des öfteren wieder in der Reichshauptstadt aufhalten.
In der zweiten Hälfte der 20er wurde Roth immer berühmter, veröffentlichte Roman auf Roman, mehrere große Reisereportagen, die ihn in alle Winkel Europas führten, und unzählige Feuilletons. Trotzdem reichte das Geld nie aus, ebenso wenig wie der Alkohol. Als dann auch noch seine Frau Friederike 1929 in die Nervenheilanstalt im Berliner Westend eingewiesen wurde, stürzte Roth in eine tiefe Krise. Januar 1930 schrieb er an René Schickele: »Acht Bücher bis heute, mehr als 1000 Artikel, seit zehn Jahren jeden Tag zehnstündige Arbeit, und heute, wo mir die Haare ausgehen, die Zähne, die Potenz, die primitivste Freudefähigkeit, nicht einmal die Möglichkeit, einen einzigen Monat ohne finanzielle Sorgen zu leben.«
Im Juli folgte ein Brief an seinen Verleger Gustav Kiepenheuer, auf Briefpapier des Hotels am Zoo: »Es geht mir außerordentlich schlecht, schlechter als je in diesem ganzen Jahre. Alles mißglückt! Gar kein Geld. Vom Verlag kann ich kaum noch was haben. Es ist leer, leer, kalt, Krise.«
Nichtsdestotrotz schrieb er in den nächsten zwei Jahren – wieder in Berliner Kneipen – seinen populärsten Roman, *Radetzkymarsch*, der im Herbst 1932 bei

Kiepenheuer erschien. Drei Monate später, noch kurz vor dem Beginn der Hitlerei, traf er sich mit Géza von Cziffra im Café Hessel, »einem Lokal, wo Roth sonst nicht verkehrte. Darauf angesprochen, erzählte er, daß er einige Drohbriefe bekommen habe, in denen er als ›Saujud‹ und ›jüdischer Schmierfink‹ bezeichnet wurde … Er erzählte noch, daß er in den nächsten Tagen Deutschland für immer verlassen werde.« [FLORIAN VOSS]

16 | *Kurfürstendamm 26* – Klaus Mann

Im September 1924 kam Klaus Mann siebzehnjährig in die Reichshauptstadt, verliebte sich sogleich in Berlin-WW und bezog anfänglich ein Zimmer in der Pension Fasaneneck am Kurfürstendamm 26, um dort seine erste Prosasammlung zu beenden: »Bald war ich wieder an meinem geliebten Kurfürstendamm. Dort etablierte ich mich in einem ziemlich teuren Hotel und beschloß, ein Buch zu schreiben. [...] So zog ich mich denn vom lockenden Betrieb des Kurfürstendamms in meine luxuriöse Klause zurück (mit eigenem Bad und unbezahlter Rechnung), um mich unverweilt an die Arbeit zu machen. Ein Zyklus von ›Kaspar-Hauser-Legenden‹, das würde meinem ›Opus I‹ den stilvollen Abschluß geben! Während draußen vor meinem Fenster die Trambahnen klingelten und die Zeitungsverkäufer mit monotoner Insistenz ihre Litanei wiederholten (›B.Z. am Mittag! B.Z.!‹), saß ich an meinem wackeligen Hotelschreibtisch und kritzelte (ich hatte damals noch keine Schreibmaschine) emsig vor mich hin.« Über Wasser hielt sich Klaus Mann zu der Zeit noch als Theaterkritiker für das *12-Uhr-Mittagsblatt*. Geld von seinem Vater nahm er nur in Ausnahmefällen. Ebenso wie seine Schwester Erika, die bereits seit dem Sommer 1924 in Berlin lebte, um ein Schauspielstudium aufzunehmen und einem gleichzeitigen Engagement der Reinhardt-Bühnen zu folgen. Wenig später wechselte Klaus Mann die Pension, um in der Uhlandstraße 78 mit seiner Verlobten Pamela Wedekind (der Tochter Frank Wedekinds), seiner Schwester Erika und deren damaligem Verlobtem Gustaf Gründgens fast alle möblierten Zimmer einer klassischen Berliner Wirtin en bloc anzumieten: »Wir logierten alle zusammen in einer schäbig-prunkvollen Flucht von möblierten Stuben in der Uhlandstraße, einer typischen Berliner Wohnung im schlechtesten Geschmack der Gründerjahre, dabei aber nicht ohne eine gewisse verstaubte Gemütlichkeit. Unsere Wirtin, Frau Schmidt, war ein Juwel: wir nannten sie ›Puffmütterchen‹ und hingen von Herzen an ihr. Ich sehe sie noch vor mir, wie sie hurtig durch die muffig dunklen Zimmer und Korridore ihres Etablissements watschelte, eine rundliche Alte von überraschender Elastizität und Beweglichkeit [...]. Wenn ihre Wohnung ›schlechtestes Berlin‹ war – sie selbst, das muntere Mütterchen, war bestes: [...] sie sah uns alles nach, weil sie uns ulkig fand [...] Wir weckten sie um drei Uhr morgens aus dem Schlaf, um eine Mark fünfzig für den Taxichauffeur zu borgen; sie nahm's nicht krumm, sondern lachte mit allen Runzeln: ›Diese Kinder! Total Meschugge!‹« [Florian Voss]

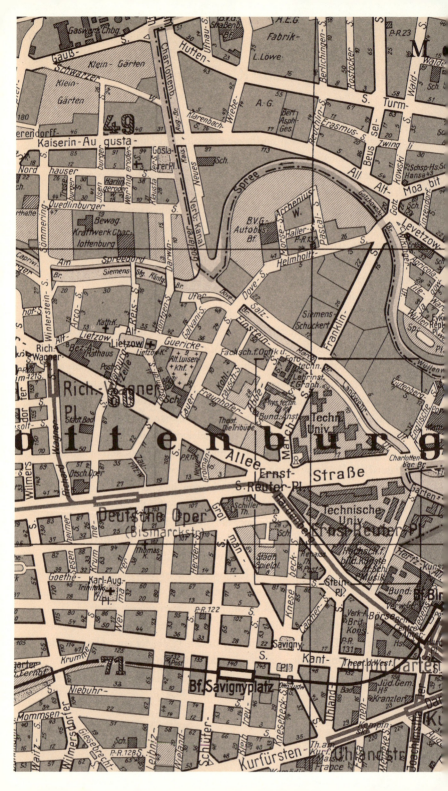

Literarische Spaziergänge rund um das Literaturhaus Berlin

Abstecher: Die weitere Umgebung

1 | *Kaiserdamm 28* – Alfred Döblin

Alfred Döblin – 1878 in Stettin geboren und schon als Kind nach Berlin übergesiedelt – arbeitete, nachdem er einige Jahre als Assistenzarzt im Urbankrankenhaus in Kreuzberg angestellt war, beinahe zwei Jahrzehnte als Arzt des kleinen Mannes im Arbeiterbezirk Friedrichshain, bevor er im Januar 1931, im Alter von bereits 52 Jahren, seine kassenärztliche Praxis in der Frankfurter Allee aufgab und einen Neuanfang im Berliner Westen wagte. Er bezog eine Wohnung am Kaiserdamm 28 und richtete sich im selben Haus eine Privatpraxis ein [*Gedenktafel am Haus*]. Es war letztendlich der falsche Entschluß gewesen, wie er der Fachzeitschrift *Fortschritte der Medizin* im Februar 1932 anvertraute: »Dann [...] faßte ich einen katastrophalen Entschluß. Man muß lange genug Kassenarzt gewesen sein, um ihn zu verstehen. Ich wollte einmal sehen, wie eine Privatpraxis ist. [...] Mir kam vor, ich hatte im Laufe der Jahre schon viel vergessen, aber andererseits mir auch eine andere Vorstellung von Kranksein erworben, und darum wollte ich mich einmal, frei von der Bürokratie der Kassenpraxis, kümmern. Es war ein völlig phantastischer Irrtum. Warum? Ich hatte einfach keine Patienten. [...] Weder hatte ich Lust wie ein Anfänger zu warten, dazu gehören Nerven und Jugend und Optimismus, noch (jetzt muß ich es aussprechen) wollte ich ganz ehrlich die ›Privatpraxis‹. [...] Vielleicht wenn ich länger ausharrte und auch hinter die Kulissen schauen könnte, wäre es anders. Aber ich fühlte mich hier am falschen Platz, und schon nach einem halben Jahre meldete ich mich wieder zur Kassenpraxis.«

Nichtsdestotrotz genoß er die zwei Jahre im florierenden Kiez um die Gedächtniskirche, frequentierte vor allem das Romanische Café und gründete einen Diskussionszirkel in seiner Privatwohnung, die sogenannten Donnerstagsabende, an denen so illustre Gäste wie Erich Mühsam, Oskar Loerke oder Irmgard Keun teilnahmen. Döblin ermutigte Irmgard Keun in ihrem Schriftstellerdasein und empfahl sie wohl auch weiter. Keun sollte kurz darauf eine der literarischen Sensationen der späten Weimarer Jahre werden. Auch Döblin stieg in dieser Zeit zu einem der einflußreichsten Schriftsteller Deutschlands auf. Sein *Berlin Alexanderplatz*-Roman wurde umjubelt, im Oktober 1931 hatte die Verfilmung mit Heinrich George als Franz Biberkopf Premiere, und im selben Monat wurde Döblin in den Senat der Preußischen Akademie der Künste, Sektion Dichtkunst, gewählt. Im Februar 1933, einen Tag nach dem Reichstagsbrand, emigrierte Döblin über Zürich nach Paris. [FLORIAN VOSS]

2 | *Niebuhrstraße 68* – Marieluise Fleißer

Marieluise Fleißer zog zur Jahreswende 1926/27 aus ihrem Heimatort Ingolstadt nach Berlin und nahm sich vorerst in der Pariser Straße 63 bei der Vermieterin Bütow ein Zimmer (ihre Telefonnummer: Olivaerplatz 771). Schon anderthalb Jahre zuvor hatte sie den ersten Erfolg in der Hauptstadt errungen. Auf Empfehlung Brechts wurde ihr Debütstück *Fegefeuer in Ingolstadt* an der Jungen Bühne des Deutschen Theaters uraufgeführt. Brecht war es auch, der sie drängte, nach Berlin zu ziehen. Nachdem Fleißer angekommen war, wurde der Kontakt zu ihm noch intensiver und sie seine Geliebte. Brecht übernahm auch die Regie bei ihrem zweiten Stück *Pioniere in Ingolstadt*, das er zur Uraufführung im März 1928 gehörig skandalisierte, unter anderem mit einer Entjungferungs-Szene auf offener Bühne. Die Reaktion ließ, insbesondere in Marieluise Fleißers Heimatstadt, nicht auf sich warten. Fleißer setzte sich mit einem offenen Brief an den Oberbürgermeister zur Wehr: »Aus Ingolstadt schrieb man mir sogar, daß man mich dort totschlagen würde. Seid doch nicht so derb, liebe Leute, es ist nicht fein, wenn man ein Mädchen totschlägt. Es ist auch dann noch nicht fein, wenn dies Mädchen zufällig in Berlin aufgeführt wird. Die Mädchen genießen heute größere Freiheit. Wir leben nicht mehr im Zeitalter der Hexenprozesse.«
1929 zog Marielusie Fleißer in die Niebuhrstraße 68 (Erster Stock) und trennte sich nicht nur als Geliebte von Brecht. Stattdessen ging sie eine Beziehung zu dem rechtskonservativen Publizisten Hellmut Draws-Tychsen ein, die ebenfalls ungut verlief und 1934 zur Trennung führte. Fleißer schrieb weniger und weniger, kehrte aus finanziellen Gründen schon 1933 in die ungeliebte Vaterstadt zurück. Dort heiratete sie dann 1935 ihre Jugendliebe Bepp Haindl, der ihr das Dichten verbot und sie nötigte, tagaus, tagein in seinem Tabakwarenladen hinterm Tresen zu stehen. [Florian Voss]

3 | *Mommsenstraße 51* *– Ludwig Renn

Arnold Friedrich Vieth von Golßenau kam 1928 nach Berlin, legte seinen Adelstitel ab, nannte sich fortan Ludwig Renn, trat in die Kommunistische Partei Deutschlands ein und nahm sich eine Wohnung in der Mommsenstraße 51. Sein bahnbrechender Anti-Militarismus-Roman *Krieg* war gerade erschienen, und in seiner neuen Wohnung arbeitete Renn am Folgewerk *Nachkrieg*, das 1930 erscheinen sollte. Da war Renn bereits nach Alt-Stralau weitergezogen.

[Florian Voss]

4 | *Kurfürstendamm 145** – Alfred Kerr

Der Berliner Schriftsteller und wohl berühmteste Theaterkritiker der ersten Jahrhunderthälfte Alfred Kerr zog 1910 in eine repräsentative Wohnung am Kurfürstendamm 145.
In den 10er Jahren schrieb er hauptsächlich für die linksliberale Beilage der konservativen Zeitung *Der Tag*, wechselte aber, als diese an den reaktionären Medienzar Hugenberg verkauft wurde, zum *Berliner Tageblatt*.
Hier schrieb er auch über die Uraufführung von Zuckmayers *Der fröhliche Weinberg*. Gerhart Rühle, der eine Erinnerung Carl Zuckmayers aufgreift, schrieb über den Abend: »Wie immer er erschien: es hieß ›Kerr!!‹ Sichtbarlich stand er im Theaterparkett, bevor der Vorhang aufging. Man sagt, Theater hätten den Beginn verzögert, wenn er nicht rechtzeitig am Platz war. Carl Zuckmayer bezeugt seine Wirkung: ›Gleich neben meiner Mutter saß der grimmige Kerr, der mich bisher so entsetzlich verrissen hatte.‹ Sie kam in der Pause – es war die Uraufführung vom ›Fröhlichen Weinberg‹: ›Sie war starr und bleich, und sie flüsterte nur mit verkrampften Lippen vor sich hin: ›Kerr hat zweimal gelächelt.‹« Wie nennt man das? Macht? Ruhm? Autorität? Was die Mutter berichtete, hieß ihm: ›Der Scharfrichter ist erkrankt. Die Hinrichtung ist aufgeschoben.‹ Am nächsten Tag fühlte Zuckmayer sich mit dem Lob Kerrs und Herbert Iherings für sein Stück so, als hätten ihn ›Griechen und Trojaner gemeinsam auf das Schild gehievt.‹ Beide führten damals gerade ihren bis heute unvergessenen kritischen Krieg gegeneinander. Beider übereinstimmendes Lob zählte damals zu den höchsten Auszeichnungen in Berlin.«
Kerr sollte sich in den folgenden Jahren noch manche Auseinandersetzung mit dem zweiten Berliner Großkritiker liefern, bevor er 1933 über Prag, Wien, Lugano und Zürich nach Paris emigrierte. Ihering jedoch wurde 1933 sein Nachfolger beim *Berliner Tageblatt*, aber schon 1935 schloß man ihn aus der Reichspressekammer aus. Der Grund: Er hatte 1922 Bertolt Brecht zum Kleist-Preis verholfen.

[FLORIAN VOSS]

5 | *Westfälische Straße 29* – Vladimir Nabokov

Von Januar bis Juli 1932 wohnte Vladimir Nabokov, der insgesamt 15 Jahre von 1922 bis 1937 in Berlin verbrachte, in der Westfälischen Straße 29.
Er verfaßte in dieser Zeit nur wenige Texte die sich explizit auf Berlin bezogen. Aus einem davon stammen die Zeilen: »Blaue Abende in Berlin, der blühende Kastanienbaum an der Ecke, Verwirrung, Armut, Liebe, der Mandarinenschimmer frühreifer Ladenbeleuchtungen und eine geradezu physisch schmerzende Sehnsucht nach dem noch frischen Geruch Rußlands.« Die Anmutung von Einsamkeit kam nicht von ungefähr, in seiner gesamten Berliner Zeit hatte Nabokov kaum deutsche Freunde gefunden, sein Kontakt erschöpfte sich im Umgang mit Amtspersonen oder Ladenmädchen, was auch seinen mangelnden Deutschkenntnissen zuzuschreiben war: »Nach meiner Übersiedlung nach Berlin wurde ich von der panischen Angst befallen, ich könnte irgendwie meinen kostbaren russischen Lack ankratzen, wenn ich fließend Deutsch sprechen lernte.«
Nabokov hatte schon einmal, im Jahr nach seiner Ankunft, in Charlottenburg, das von den Berlinern ob der russischen Emigranten gerne Charlottograd genannt wurde, gewohnt. Seine Adresse war vom September bis Dezember 1923 die Sächsische Straße 67 gewesen. Aus dieser Zeit stammte auch sein einziges Berlin-Gedicht *Berliner Frühling*: »[...] Stoß den Stuhl um, als es dämmert, / taste schwankend nach dem Licht / wie der Nachbar wütend hämmert, / daß die Zimmerwand fast bricht. // Morgens öffnet er gewöhnlich / halb sein Fenster, und heraus / kommt sein Bettzeug, sieht ganz ähnlich / wie 'ne rote Zunge aus. // Straßenmusikanten geigen / Morgens auf dem Hof sich warm, / unterstützend von den Zweigen / tschilpt ganz wild ein Sperlingsschwarm [...]« [FLORIAN VOSS]

Abb. 8 (*vorige Seiten*): Kreuzung Kurfürstendamm und Joachimthaler Straße, um 1930. Foto [Bildarchiv Preussischer Kulturbesitz].

6 | *Prager Straße 6* * – Erich Kästner

Erich Kästner kam im Herbst 1927 nach Berlin und bezog eine Wohnung in der Prager Straße 6 [*Gedenktafel am Haus Prager Str. 5*] und einen Tisch im Café Carlton in der Nürnbergerstraße. Kästner war zu der Zeit noch gänzlich unbekannt aber voller Ehrgeiz. An seine Mutter hatte er kurz vor seiner Abreise nach Berlin geschrieben: »Wenn ich 30 Jahre bin, will ich, daß man meinen Namen kennt. Bis 35 will ich anerkannt sein. Bis 40 sogar ein bißchen berühmt. Obwohl das Berühmtsein gar nicht so wichtig ist. Aber es steht nun mal auf meinem Programm. Also muß es eben klappen!«
Kästner schloß gerade seinen ersten Gedichtband *Herz auf Taille* ab und verbrachte nahezu jeden Nachmittag und Abend am Kaffeehaustisch, wie seine spätere Sekretärin zu berichten wußte: »Er bestellte uns an einem Sonntagvormittag auf eine Caféterrasse. Er arbeitete dort. Was mir auch einigermaßen seltsam vorkam. Ich meinte, Dichter müßten zu Hause in der Wohnung dichten. Ich sah also einen zierlichen jungen Herrn an einem Tisch sitzen. Er lächelte mich freundlich an, wir begrüßten einander. Ich war schüchtern und ziemlich schweigsam. Er auch. Meine Freundin redete. Dann fiel der prophetische Kästnersche Satz: ›Wollen sie mir helfen, berühmt zu werden?‹«
Berühmt wurde Kästner mit dem ersten Gedichtband, der 1928 erschien, noch nicht, aber das zweite Buch, das im selben Jahr publiziert wurde, machte ihn binnen kurzer Zeit berühmt: Es war die Geschichte *Emil und die Detektive*. Teile eines Kapitels spielten am Nikolsburger Platz, wo Emil und seine Landhaus-Bande Quartier bezogen: »Sie setzten sich auf die zwei weißen Bänke, die in den Anlagen stehen, und auf das niedrige eiserne Gitter, das den Rasen einzäunt, und zogen ernste Gesichter. [...] ›Wir werden eine Art Bereitschaftsdienst einrichten müssen‹, meinte Emil. ›[...] Wer bei der Jagd nicht unbedingt gebraucht wird, bleibt hier am Nikolsburger Platz.‹«
Erich Kästner veröffentlichte in den folgenden fünf Jahren allein vier weitere Gedichtbände und fünf Kinderbücher. Er wurde immer berühmter und zugleich immer populärer, blieb aber seiner Wohnung in der Prager Straße und vor allem seinem Kaffeehaustisch treu, wie Hermann Kesten berichtete: »Das Kaffeehaus ist sein Büro, die Bar seine Schreibstube. Er steht mittags auf und geht um fünf Uhr morgens zu Bett. Er ist hübsch, ja elegant, ein Tennisspieler, ein Tänzer.«
[Florian Voss]

7 | *Uhlandstraße 114/115** – Georg Hermann

Der in Berlin geborene Schriftsteller Georg Hermann zog im Alter von 39 in die Uhlandstraße 114/115. Er stammte aus einer alteingesessenen jüdischen Familie, doch sein Vater hatte in den 1880er Jahren bankrott gemacht, und auch der Sohn sollte sich zeitlebens als Versager fühlen. Daß er das Abitur nicht geschafft hatte, machte ihm immer wieder zu schaffen, und in einem seiner späteren Romane schrieb er ein kaum verhülltes, verunsichertes Selbstporträt: »Er konnte solche reichen Jungen nicht leiden, solche Hochbegabten, Glücklichen, Klugen, die sicher ihren Weg nahmen. Die Schule schon hatte sie ihm gründlich verekelt. Er konnte überhaupt keine Leute ausstehen, die zu gescheit waren. Und er war auch nicht umsonst sein Lebtag gedrückt, gestupft und mittellos gewesen, um jetzt noch eine Brücke zu ihnen finden zu können. Er mochte keine Unproblematischen, keine Arrivierten, keine Menschen in Stellungen oder in Berufen.«

Trotzdem war er, als er 1909 in die Uhlandstraße zog, bereits ein erfolgreicher Schriftsteller. Hier arbeitete er bis 1910 an seinem Roman *Kubinke*, in dem er über den alten Berliner Westen schrieb:

»[...] das Berlin, von dem ich spreche, ist ja gar nicht recht und eigentlich mehr Berlin, es ist Schöneberg, es ist Wilmersdorf, es ist Charlottenburg, es ist weit draußen [...]. Wie alt ist es denn? Kaum fünf, zehn, zwanzig Jahre, da waren da nur Gräser und Feldraine, Weidenalleen und Buschketten, Wiesen, Kartoffeläcker und Mohrrübenfelder [...]. Und wo jetzt die Straßenbahnen bis nachts um drei entlangbrausen, dort lag der schöne alte Feldweg mit seinen tiefen Gleisen, ganz einsam [...]. Hunderte von Schmetterlingen tummelten sich hier, wo der Wind heute nur noch Papierfetzen den Asphalt hinabtreibt.«

Einige Seiten weiter beschrieb Hermann die Veränderungen von Wilmersdorf, die Gründerzeit des Geldadels: »Und die Häuser ringsum, lechts und rinks, gerade über und schräg drüben waren alle genau ebenso vornehm und hochherrschaftlich. Da war keins, das nicht einen Giebel gehabt hätte, keins ohne Erker und ohne spitzige Türmchen und Dachreiter. Etwelche waren ganz aus roten Ziegelsteinen ausgeführt, wie nordische Kirchen; und andere daneben schienen wieder nur aus Orgelpfeifen zusammengebunden zu sein. Und die Eckhäuser bekrönten stolze, hohe, vielseitig gerundete Kuppeln, Riesentintenfässer mit reichlichem Gold.«

[Florian Voss]

8 | Pfalzburger Straße 52 – Paul Scheerbart

Paul Scheerbart – Verfasser solch merkwürdiger Werke wie *Rakkóx der Billionär* und *Tarub, Bagdads berühmte Köchin*, verkannter Architektur-Theoretiker, der die Glasbauweise als erster entwarf, und damit unter anderem Bruno Taut zu seinen späteren Glaspalästen anregte, chronisch verarmter Bohemien und Stammgast im Café des Westens – zog im Oktober 1902, von einem langen Aufenthalt auf Rügen kommend, zusammen mit seiner Frau Anna nach Charlottenburg. Kurz nach seinem Einzug schrieb er an seinen Freund, den Dichter Richard Dehmel: »Lieber Richard! Gestatte, daß ich Dir meine neue Adresse mittheile: ich wohne anitzo: Charlottenburg bei Berlin, Kaiser-Friedrich-Straße 43. Gartenhaus II Treppen rechts. Die Aussicht ist hier entzückend. Wann kommst du nach Charlottenburg? - 100000 Bärengrüße von Palais zu Palais.« Schon im April 1903 übersiedelte er einige Häuser weiter, in die Kaiser-Friedrich-Straße 29, auch das übermittelte er mit »helle lachenden Bärengrüßen dem Hause Dehmel.« Im März 1905 ging es weiter in die Pfalzburger Straße 52, Gartenhaus, 3. Stock. Während Scheerbart nichts mit seinen Büchern verdiente – seine Novellensammlung *Machtspäße* war unlängst herausgekommen –, handelte seine Frau mit Vorsatzpapier. An Paul Remer schrieb Scheerbart im September 1905 eine Mahnung folgenden Inhalts: » [...] meine Gattin, Frau Anna Scheerbart, sandte Dir im Februar d. J. für 15 M Vorsatzpapier – kannst Du uns dafür die fünfzehn M senden? Wir werden dir sehr dankbar sein; in der Ludwigskirchstrasse zwei Häuser hinter der Uhlandstrasse giebt es eine keramische Kunstanstalt (großer Laden mit gr. Schaufenster) in denen das Vorsatzpapier meiner Frau Pendants in Porzellankacheln gefunden hat. Ich glaube, die Kacheln würden Dich lebhaft interessiren – auch als Wandbelag – zur Teilung der Wände, wenn diese evtl mit Naturweltsternwolkenmuster auf Papiertapete bedeckt sind. – Indessen – Heil! – Es lebe das Weltall! – Und der Fortschritt! – Mit vielen musterhaften Grüßen von Capitol zu Capitol – Dein alter Paul Scheerbart.« Auch andere Projekte brachten wenig bis kein Geld ein. Scheerbarts enger Freund Erich Mühsam berichtete in seinen *Unpolitischen Erinnerungen*: »Am bezeichnendsten für ihn [...] scheint mir der jahrelang zäh verfolgte Plan, durch die Konstruktion eines Perpetuum mobile mit einem Schlage Multimillionär zu werden. [...] Scheerbart war völlig davon überzeugt, daß das Problem gelöst sei, und was nur immer an kleiner Münze zusammenzukratzen war, wanderte zum Patentamt. [...] Einmal teilte mir Scheerbart mit: ›Perpeh ist fertig; es bewegt sich nur noch nicht‹ – für ein Perpetuum mobile offenbar ein Nachteil.« Im Frühling 1907 verließ das Ehepaar Wilmersdorf und zog weiter westlich. An Herwarth Walden schrieb Scheerbart: »L.H.W. Schönsten Dank! Aber – mitten im zerstörenden Packen der Sachen. Wir ziehen morgen Freitag früh um 6 Uhr nach Zehlendorf Anna Str 5. Und – so gehts nicht! 10000 Frühlingsgrüße von Palais zu Palais.« [FLORIAN VOSS]

Das Literaturhaus in der Literatur

Eine Anthologie 1967– 2010

Franz Tumler
Fasanenstuben. Demnächst ein neuer Name

Als ich das erste Mal hinkam, Anfang der fünfziger Jahre, blickte man von dem Vorbau auf ein gegenüberliegendes Haus, das hinter einem Eisenzaun um einen ziemlich breiten Vorgarten zurückgesetzt war: kein Mietshaus. Sondern eine Art Stadtvilla aus Backstein, sie steht heute noch da. Aber damals war auf die von Geschoßeinschlägen gekerbte Fassade ein großer weißer Kreis mit einem Roten Kreuz gemalt, und hinter den Fenstern im Souterrain konnte man drei riesige Kessel sehen, daneben saßen Frauen und schälten Berge Kartoffeln. Das Haus war eine Zweigstation des Roten Kreuzes, eingerichtet für die damals nach Berlin einströmenden Flüchtlinge. Sie warteten hier auf ihren Aufruf zum Abflug nach Westen, und das dauerte oft Wochen. Ab und zu kamen sie in das Lokal herüber. Aber in unregelmäßigen Abständen gab es auch Tage, an denen sie es völlig beherrschten. Das geschah immer dann, wenn eine Familie den Flugschein erhalten hatte. Dann kamen nicht nur diese paar Menschen, die drüben ihr Gepäck schon fertig hatten, sondern es kamen, aus den Heim gegenüber und auch aus anderen Flüchtlingsheimen in der Stadt, Scharen Verwandter und Freunde, um von ihnen Abschied zu nehmen. Meist waren es Dorfgenossen, Leute vom Lande, die einander von Kind auf gekannt hatten. Im Westen würde man an verschiedenen Orten wohnen. Hier sprachen sie zum letztenmal von ihren Erinnerungen, ihrem früherem Leben. Plötzlich war mit dem Namen eines Dorfes im Osten, oder einer kleinen Stadt, eine ganze vergangene Welt in der Gaststube anwesend. Wir anderen Gäste hörten zu, hörten dieses Aufleben alter Geschichten, Streit und Liebe.[...]

Eines Tages wurde gegenüber dem Vorbau ein Turnierpferd ausgeladen. Es graste am anderen Tage auf dem Rasen vor der Villa, an der vormals das Rote Kreuz war. Es gehörte einer jungen Frau, die zusammen mit diesem Pferd zu einem dreiwöchigen Gastspiel in einem Etablissement auf dem Kurfürstendamm engagiert war. Ihr Auftritt war um Mitternacht, da rang sie sich auf dem weichen geduldigen Tierrücken den Flitter los im Staubkegel der Scheinwerfer. Aber abends um sechs saß sie in weißer Bluse an unserem Tisch, graue Augen, schönes Haar und kühle Neugier von Gesprächslust unter der Haut – der Beruf: alles gelernt, geübt.

Wenig später erschien täglich um diese Abendzeit ein kleiner Elefant auf dem Platz hinter dem eisernen Zaun. Er machte nach Einbruch der Dunkelheit in dem Haus, in dem zur Zeit meiner ersten Besuche Flüchtlinge gewohnt hatten, seine Nummer: Striptease mit Damen. Denn längst nicht mehr ist in diesem Haus eine Spur davon, daß hier Kartoffeln geschält wurden. Es ist weiß gestrichen. Es hat in den Jahren, seit es diesen Anstrich bekam, zweimal seinen Namen gewechselt. Als das Rote Kreuz gelöscht worden war, lag es eine Weile still. Eine Gymnastik- und Ausdruckstanz-Lehrerin besetzte es mit ihrer Schule; das gab für die Zwischenzeit Zuzug an neuem Publikum. Dann bekam das Haus den Namen »Queen«, dazu hinter dem Aufgang einen künstlichen Teich und eine Art japanische Brücke als Übertritt für die Gäste. Es war als Nachtlokal adaptiert worden. Bei der Eröffnung war ich eingeladen. Der Mann, der in den »Fasanenstuben« die Bar geführt hatte, servierte drüben das Essen. Aber das Lokal hielt sich nicht lange. Nach einem halben Jahr hieß es »dolce vita«. Dieser Name dauert nun schon einige Zeit.

H. C. Artmann

Nr. 40

moshi moshi
hier berlin   literaturhaus

die windmühlen sind besiegt
die gedichte sind geschrieben
die tusche für heute fast alle

wir spielten das trunkene domino
mit wilden steinen der grammatik
der sake ist ausgetrunken aber
die welt noch immer ein volles faß
in dem die neuen ungebornen sätze
gären wenn wir schlafen träumen

shuntarō oskar makoto kampai!
bleibt immer auf dem posten!
oh ein guter schöner tag
ich freu mich daß es uns gibt!

Werner Kofler
Verdeckte Selbstbeobachtung

Diesmal wohnte ich auf der anderen Seite der Straße. Um einer bestimmten Sache nachzugehen, hatte ich mich dem Literaturhaus gegenüber, im Hotel Atlanta, eingemietet – so, daß ich von meinem Zimmerfenster aus den Ort des Geschehens gut überblicken, ja förmlich ins Literaturhaus hineinsehen konnte. Am Abend meiner Ankunft noch sah ich mich dort bei offenem Fenster – es musste drüben sehr schwül sein – im Dunkel sitzen, erkennbar nur am zeitweiligen Aufglühen meiner Zigarette – oder war es eine Zigarre? – im schwarzen Rechteck des Fensterrahmens. Freilich war nicht auszuschließen, daß ich mir etwas vorspielen, mich zum Narren haben oder auf die Probe stellen wollte; ich hatte eine Entziehungskur hinter mich gebracht und war noch unsicher in meiner Wahrnehmung – dennoch, kein Lars Thorwald sollte mich täuschen. – Ich trug die Beobachtung in mein Notizheft ein, auf dessen Einband, wie bei einem Schulheft, unter meinem Namen *Verdeckte Selbstbeobachtung* geschrieben stand, und legte mich schlafen.

Am nächsten Tag begann ich mit der Spurensicherung. Von meinem Hotelzimmer aus vermochte ich genau zu studieren, wie ich damals auf der anderen Seite über den Kiesweg vor dem Literaturhaus gegangen war, mehrmals am Tag und in der Nacht, suchtkrank, auf der Flucht vor –, auf der Suche nach –, auf – ich weiß nicht, was noch; vorbei an der Buchhandlung im Souterrain, am Geschäftsschild *Leonce, Lenz und Lena*, in die darüber gelegene Wirtschaft oder zum Hintereingang, um in mein Zimmer unter dem Dach zu gelangen. Ich sah vor mir, wie einmal mein Verleger neben mir gegangen war, klein und mit vornüberhängenden Schultern, am Hotel Augusta vorbei zum Literaturhaus, vor dem sich, nicht nur im räumlichen Sinn, unsere Wege getrennt hatten; jeder hatte einen anderen Eingang des Literaturhauses betreten. Hinüberblickend vom Hotel Atlanta, beobachtete ich mich, wie ich damals aus meinem Fenster unter dem Dach auf die Straße gesehen hatte an einem Samstagnachmittag, auf die Frauen!, eine Vulva gewiß prächtiger als die andere und doch eine so gut wie die andere; keine aber, die von mir am Fenster Notiz genommen, geschweige denn, den Weg zu mir hinauf gefunden hätte, und nichts wäre einfacher gewesen, und nichts hätte ich damals mehr gebraucht. (Hätte ich mich denn bemerkbar machen sollen am Fenster, rufen gar, hier bin ich, ich bin es, der Dichter im Literaturhaus, ich bin zu haben, interessiert sich denn keine für Literatur? Dieses Haus war doch auch früher ein Bordell, warum plötzlich so genannt? Vernunftlose Träumerei! Die Frauen auf der Straße hatten sich ohne aufzusehen weiterbewegt, in ihrer mich ausschließenden Fasanenstraßen- und Samstagnachmittagswirklichkeit, und die Wirklichkeit ist immer schon eine üble Sache gewesen.)

Jens Johler
Im Literaturhaus

Das beste wäre, ich ginge überhaupt nicht mehr aus dem Haus, dachte ich. Was treibt einen denn in die Gesellschaft? Ehrgeiz und Eitelkeit, Sehnsucht nach etwas, das es wahrscheinlich doch nicht gibt, und bestenfalls noch Neugier auf die Menschen und Geschichten, die überall herumschwirren, die komischen und die traurigen, die befreienden und die beklemmenden, die angenehmen und die peinlichen. Und peinlich ist im Grunde alles. Nein, dachte ich, es wäre wirklich besser, ich bliebe still und bescheiden in meinen eigenen vier Wänden, setzte mich gemütlich in einen Sessel, nähme ein Buch zur Hand und kümmerte mich nicht um das Getue. Da passiert dann wenigstens nicht viel, es sei denn, es ruft jemand an und fragt, warum ich mich so lange nicht gemeldet und wo ich denn gesteckt habe? – Gesteckt? Wieso? Ich war zu Hause. – Was? Die ganze Zeit? – Ja. – Niemals irgendwo hingegangen? – Nur in die Küche und ab und zu ins Badezimmer. – Findest du das nicht ein bißchen komisch? – Bisher noch nicht. – Aber du kannst dich doch nicht einfach so aus allem rausziehen. – Ich ziehe mich gar nicht einfach so aus allem raus, ich bleibe nur daheim. – Und was machst du da? – Lesen. – Bücher? – Ja. –

Aber dabei muß man doch verrückt werden!!! – Kann sein, aber ich spür's noch nicht. – Naja, dann gute Besserung. Und wenn du wieder gesund bist, kannst du ja mal anrufen. Meine Nummer steht übrigens auch in einem Buch!

Und genauso, fürchtete ich, würde es einem eines Tages mit Petrus gehen, wenn er sich da oben mit dem goldenen Schlüssel in der Hand vor einem aufbaute und fragte, was hast du eigentlich dein Leben lang gemacht? – Gelesen. – Immer nur gelesen? – Ja. – Die Bibel? – Naja, auch, schon aber ... – Immer nur in der Stube gehockt? Allem, was zu deinen Lebzeiten geschehen ist, ausgewichen, dem Komischen und dem Traurigen, dem Befreienden und dem Beklemmenden, dem Angenehmen und dem Peinlichen? Immer nur abseits gestanden, am sicheren Ort? Dann wird es ja Zeit, daß du mal was erlebst! Ab in die Hölle!

Und die Hölle, da war ich sicher, bestand aus lauter peinlichen Situationen, aus diesen kleinen Momenten der Schiefheit und Verkehrtheit, die so wenig ins Gewicht fielen, daß es lächerlich wäre, über sie zu reden, die aber gerade deswegen ein Leben lang an einem nagten wie ein Pulk von Ratten oder wie der Zahn der Zeit. Gerade wenn man allein war und in aller Stille las, überfielen einen diese Peinlichkeiten gern mit einer Macht, gegen die kein Kraut gewachsen war, höchstens Alkohol oder Fernsehen oder beides. Lächerlichkeiten! Ich, als Neunjähriger inmitten meiner Hockeymannschaft. Wir stehen um den Trainer herum und lauschen seinen Worten. Er gibt dem gerade neu gewählten Mannschaftskapitän die nötigen Instruktionen. Ich versuche, mir alles genau zu merken, nicke eifrig und sage auf einmal – es entfährt mir –: »Ja, ist gut.« – »Mit dir habe ich doch gar nicht geredet«, sagt der Trainer und schickt mich zur Strafe für mein vorlautes Verhalten drei Runden um den Platz.

Nie würde ich diese Demütigung vergessen. Hatte ich mit meinem »Ja, ist gut« verraten, daß ich selbst gern Kapitän geworden wäre? Und wenn schon! Was war daran verwerflich? Und warum gelang es mir auch nach Jahrzehnten nicht, den Trainer einen dummen Menschen zu nennen und mir mein blindes, übereifriges »Ja« zu verzeihen? Warum klebte und nagte die Pein, die ich mit neun Jahren erfahren hatte, vierzig Jahre später noch an mir, als wäre sie von gestern oder vorgestern? Nein, auch zu Hause, in der Stille, war man nicht sicher vor den Peinlichkeiten. In Gesellschaft warteten die neuen auf einen, zu Hause kehrten die alten wieder, peinlich wurde es so oder so, und wenn es schon so war, dann konnte man auch hin und wieder mal den Mantel vom Haken nehmen und sich hinausbegeben.

Ich verließ meine Wohnung und ging zu einer Dichterlesung. Ich hatte die Dichterin vor ein paar Wochen in Rendsburg während einer Tagung über »Aspekte der Nachkriegsliteratur« kennengelernt. Am dritten und letzten Tag war sie auf mich zugekommen und hatte gesagt: »Sie wollte ich auch noch kennenlernen.«

»Mich? Warum?«

»Sie sehen so interessant aus mit ihren grauen Haaren.«

»Dann muß ich sie wohl mal färben lassen.«

»Sind Sie auch Schriftsteller?«

»Ja, aber nur morgens, und wenn ich am Abend vorher nicht zuviel getrunken habe.«

»Ich schreibe nämlich auch.«

»Ach, tatsächlich?«

Und dann hatte sie mir, ohne daß ich recht wußte, wie mir geschah, von ihren Begegnungen mit berühmten Dichtern erzählt, mit Peter R., Wolf B. und Walter K. Ich hatte ihren Redestrom über mich ergehen lassen und immer nur gedacht, es ist ein Fehler, daß ich mich auf sie eingelassen habe, es ist ein Fehler, wie komme ich bloß hier raus? Und dennoch hatte ich ihr, als sie mir ihre Visitenkarte überreichte, auch die meine ausgehändigt, und als sie sagte, sie werde demnächst nach Berlin fahren und dort eine Lesung halten, hatte ich fast schon begeistert ausge-

rufen, das sei ja interessant, ich würde ganz bestimmt kommen. Vor ein paar Tagen war mir die Einladung ins Haus geflattert:
»Dörte Blunck aus Philadelphia liest Gedichte und Prosa (aus dem Essay ›Begegnungen mit berühmten Zeitgenossen‹) – im Literaturhaus, Kaminzimmer, Fasanenstraße 23.
Bitte kommen, damit die Autorin nicht vor beschämend leeren Stühlen liest!! – Danach wird gefeiert.«
Ich war ein wenig eingefroren, als ich die herrschaftliche Jugendstilvilla betrat. Es war nun doch schon Herbst, Ende Oktober. Ich sollte mal die dicke Lederjacke aus dem Schrank holen, dachte ich. Auch die linke Hand, in der ich die Zigarette hielt, war kalt. Handschuhe wären jetzt nicht schlecht. Ich blieb im Vorraum stehen, rauchte meine Zigarette zuende und beobachtete, wieviele Leute zu der Lesung strömten. Niemand strömte. Die Tür zum Kaminzimmer stand offen, doch kein Laut, kein Lachen, kein Gemurmel drang an mein Ohr. Und wenn ich der einzige Zuhörer bin, dachte ich, was dann? Ich rauchte noch schnell eine weitere Zigarette, nahm all meinen Mut zusammen und ging hinein. Fünfzig Stühle, sieben Leute, schweigend, zu Boden blickend, den Inhalt der Brieftasche überprüfend, meditierend. Vorn eine Tisch, dahinter in roter Seidenjacke die Dichterin.
»Oh, das ist aber nett, daß sie kommen«, rief sie aus und erhob sich sogar, um mich zu begrüßen. »Den Herrn habe ich in Rendsburg kennengelernt, bei einem Seminar über ...« – und während sie den anderen erklärte, wann und wo wir uns begegnet waren, bemühte ich mich, in Körperhaltung und Gesichtsausdruck hervorzuheben, daß allein meine Schwäche und ihre Aufdringlichkeit uns verbanden und daß ich bestimmt nicht hergekommen wäre, wenn ich gewußt hätte, daß nur sieben traurige Gestalten hier herumsitzen würden, beziehungsweise jetzt, mit mir zusammen, acht. Ich setzte mich, stand aber gleich wieder auf und ging zur Tür.
»Sie wollen doch nicht schon wieder gehen?« flüsterte die Dichterin ängstlich, ja, schon panisch.
Aber nein. Ich holte mir nur ein Bier. Als ich zurückkam, war die Dichterin dabei, sich zu beklagen, daß nur so wenige Zuhörer gekommen seien. Sie habe dreißig Leute angeschrieben, und nun das!
Aber, dachte ich, wenn unter den dreißig Angeschriebenen noch mehr so fernstehende, nach wenigen Minuten aufgezwungener Bekanntschaft zur Adressenübergabe genötigte Personen waren wie ich, dann war das doch ein gutes Ergebnis. Ich nippte an meinem Bier und betete darum, daß die Dichterin anfing. Die scherzhaften Worte, mit denen sie ihr Publikum über das Traurige der Situation hinweg-

trösten wollte, blieben sauertöpfisch, bemüht. Überhaupt hatte sie einen beleidigten, lebensneidischen Ausdruck im Gesicht. Sie war Mitte Vierzig, klein, ein wenig untersetzt und wirkte halslos. Ihre Gesichtszüge waren fein, die Haut glatt, die Augen grün. Schon in Rendsburg war mir aufgefallen, daß sie in manchen Momenten beinahe mädchenhaft hübsch aussah. Aber das Mädchen war verhext, und kein Prinz, so fürchtete ich, würde sich mehr finden, sie aus dem bösen Zauber zu erlösen. Sie würde ewig unbefriedigt und enttäuscht bleiben, und ihre Gier nach Anerkennung würde jeden, um dessen Anerkennung sie bis zur Selbsterniedrigung buhlte, in die Flucht schlagen.

»Also gut«, sagte sie, »es sieht ja nicht so aus, als würde der Saal noch voll werden. Dann fange ich mal an.«

Sie fing an. Nicht mit der Lesung, aber mit der Vorrede, die sie sich zurechtgelegt hatte. In Amerika – sie lebe ja nun seit Jahrzehnten in Philadelphia – sei es üblich, etwas über die Entstehung der Gedichte zu erzählen, über die Situation, die sie beschreiben, über die Empfindungen der Dichterin, die darin aufbewahrt seien, und dergleichen mehr. In Deutschland dagegen wolle man, daß ein Gedicht für sich stehe, l'art pour l'art, und halte den Kommentar für verwerflich. Wie es denn die Anwesenden lieber hätten?

Die Anwesenden dachten angestrengt nach.

Warum sollen wir entscheiden, dachte ich, entscheide du. Du hast uns doch hierher bestellt. Mach irgendwas, das uns Vergnügen bereitet, Gedicht oder Kommentar, egal was, Hauptsache, wir sitzen hier nicht weiter so herum und bereuen, daß wir nicht ins Kino gegangen sind. »Ich würde den Kommentar sehr gern hören«, sagte ich laut, um die immer peinlicher werdende Pause zu beenden und weil ich wußte, daß die Dichterin begierig darauf war, von sich als Dichterin zu sprechen. Sie machte vermutlich nur deswegen Gedichte, damit sie in der Welt herumreisen und jedem, der es nicht wissen wollte, erzählen konnte, sie sei eine Dichterin. Sie dachte wahrscheinlich, das sei etwas Gutes und die anderen dächten das auch.

»Na, schön«, sagte sie, »dann werde ich mal ein bißchen was von mir erzählen.« Sie lebe in Philadelphia, sei aber in Norddeutschland aufgewachsen. Sie habe an verschiedenen Universitäten Germanistik, Romanistik, Geschichte und Psychologie studiert, habe dann ihren Mann kennengelernt und sei mit ihm nach Amerika gegangen. Die Trennung von ihrer Heimat habe sie zur Dichterin gemacht. Aber sie habe es ein wenig schwer. In Amerika könne sie ihre Gedichte nicht veröffentlichen, weil sie in deutscher Sprache schreibe, in Deutschland aber nehme man ihr übel, daß sie in Amerika lebe.

Ich fragte mich, ob wirklich irgend jemand soviel Interesse an ihr hatte, daß er ihr etwas übelnahm, aber ich sagte mir zugleich, sei nicht so hochmütig, du hast ja noch gar nichts von ihr gehört, und außerdem verstehst du nichts von Gedichten.

Von ihrem allerersten Flug nach Philadelphia, durch den sie, wie gesagt, zur Dichterin geworden sei, handele das nun folgende Gedicht, sagte Dörte Blunck und begann mit der Lesung.

Ein Flugzeug kreist über Philadelphia, es landet, die Dichterin steigt aus, sie hat zwei Koffer, der eine enthält das Gute, der andere das Böse, anstatt aber nur den einen aufzumachen, öffnet sie beide.

Ich fand das irgendwie ganz nett und fügte meine Hände zum Applaus zusammen.

Die Dichterin dankte artig und las weitere Verse. Von der Liebe, von der Mutter, vom Frühling, vom Sommer, vom Märchenprinzen, vom Tod und natürlich auch von ihrer Katze mit den grünen Augen. Manchmal lachte ich, weil ich eine Wendung komisch fand, aber ich war mir nicht sicher, ob die Komik freiwillig oder unfreiwillig war, und da die anderen nicht mitlachten, dachte ich, wahrscheinlich verrätst du mit deinem Lachen nur, wie wenig du von Lyrik verstehst.

Endlich klappte die Dichterin das Büchlein zu. Jetzt werde sie noch aus ihrem Essay lesen, sagte sie und nahm sich einen Stapel loser Blätter vor. Sie sei von ihrem Verleger aufgefordert worden, über ihre Begegnungen mit berühmten Zeitgenossen zu schreiben, aber aus irgendeinem Grunde habe er sich nachher nicht entschließen können, ein Buch daraus zu machen. Der Essay begann mit einem Rückblick auf die Jugend der Dichterin, bewegte sich dann zielstrebig auf den Moment zu, der sie zur Dichterin gemacht hatte, die Heirat und die damit unwiderruflich beschlossene Auswanderung nach Philadelphia, und landete dann endlich bei den von der Dichterin als schicksalhaft und sie in ihrer Dichterinnenexistenz bestärkenden »Begegnungen«.

Einmal war sie dem Liedersänger Wolf B. begegnet. Auf einem Flughafen habe sie neben ihm gesessen und später sogar auch im Flugzeug. Nach langem innerem Ringen habe sie ihm ihre Gedichte gezeigt, dazu auch noch das anerkennende Schreiben eines anderen Dichters, Peter R.!

»Haben Sie mit ihm geschlafen?«, fragte Wolf B., nachdem er den Brief gelesen hatte. Und dann – aus Eifersucht oder sie wisse nicht warum – habe er plötzlich seine Fassung verloren und sie angebrüllt. Im Flugzeug! Vor allen Leuten! Ihre Gedichte seien grottenschlecht, habe er geschrien, kein Reim passe auf den anderen, die Gefühle seien verlogen, die Gedanken schwach, der poetische Gehalt gleich null! Ganz verwirrt sei sie gewesen! In ihrer Ratlosigkeit und Verzweiflung habe sie ihm dann ein weiteres Gedicht aufgeschrieben, das Gedicht vom Schaf im Wolfspelz. Und siehe da: das habe ihn beruhigt, ja versöhnt. Zum Abschied habe er ihr sogar die Hand geküßt!

Soweit die erste Episode. Ich kannte sie schon. Die Dichterin hatte sie mir mit fast denselben Worten in Rendsburg auf dem Hof des Nordkollegs erzählt. Schon damals war ich bei der Frage »Haben Sie mit ihm geschlafen?« zusammengezuckt, weil sich die Dichterin durch die Erwähnung dieser Frage als Objekt möglicher Begierde dargestellt und ich den Gedanken daran, diese Frau umarmen zu sollen, nicht gerade angenehm gefunden hatte.

Die zweite Episode handelte vom Schriftsteller Walter K., bei dem die Dichterin sogar zu Hause gewesen war. Und wieder berichtete sie beinahe mit Stolz, wie es dazu gekommen war, daß ein bedeutender Dichter seine Contenance verlor. Es war ihr offenbar ein Vergnügen, damit zu renommieren, wieviele Berühmtheiten sie schon dazu gebracht hatte, aus der Haut zu fahren. Gegen das Gebrüll des Dichters Walter K. habe sie sich aber entschieden zur Wehr gesetzt. »Ich habe Germanistik studiert«, habe sie gesagt, »ich habe einen Doktortitel, ich habe eine Dissertation über Heinrich Heine geschrieben, da muß ich mir Ihren Ton nicht gefallen lassen.«

Die dritte Episode war frei von Gebrüll. Der Dichter Peter R., der ihr einen Brief geschrieben und darin ihre Gedichte gelobt hatte, machte von New York aus, wo er zu einer Lesung hingefahren war, einen Abstecher nach Philadelphia. Sie habe ihn, berichtete die Dichterin lesend, am Flughafen abgeholt, und schon bei seiner Ankunft habe er gesagt: »Es war ein Fehler, daß ich hergekommen bin, es war ein schwerer Fehler!« Sie habe ihn ins Hotel begleitet, sei mit ihm essen gegangen, und immer wieder habe er gesagt, es sei ein Fehler, ein schwerer Fehler.

Darüber mußte ich von Herzen lachen. Ich war diesem Dichter zweimal inmitten größerer Gesellschaften begegnet, und beide Male hatte er es fertiggebracht, die ganze Runde durch sein komisch übertriebenes Gejammer in Atem zu halten und zu erheitern. Das erste Mal waren es Zahnschmerzen gewesen, für die er, wie ich von anderen hörte, schon seit Jahrzehnten berühmt war, das zweite Mal irgendein psychisches Desaster, dessen Ursache ich nicht in Erfahrung bringen konnte oder wollte.

Durch sein Gejammer, das sie nicht als schmeichelhaft empfunden habe, sei es alsbald zu einer schweren Verstimmung zwischen ihr und dem Dichter gekommen, berichtete die Dichterin in ihrem »Essay«, so daß sie ihn schließlich der Obhut des örtlichen Goetheinstituts überlassen mußte, wo er, nachdem er zum Vergnügen einer kleinen deutschen Gemeinde eine amüsante Lesung gehalten hatte, inmitten einiger junger Damen kräftig aufgeblüht war. Vom schweren Fehler war nicht mehr die Rede. Seine Lebenslust und -laune habe sich im Gegenteil so gehoben, daß es zwischen ihnen noch zu einem sehr harmonischen und herzlichen Abschied gekommen sei. Zwischendurch hatte die Dichterin, wie sie mit künstlerischer Offenheit erzählte, neben ihrem Ehemann im Bett gelegen und sich sehnsüchtig nach dem Dichter, den sie in poetischer Schwärmerei mit Heinrich Heine verschnitt und »mein Heinrich Peter« nannte, verzehrt, und ich konnte nicht umhin, mich genauso wie der Dichter Wolf B. zu fragen, ob »mein Heinrich Peter« in Philadelphia mit unserer Dichterin geschlafen habe. Aber das ging eigentlich niemanden etwas an.

Höflicher Applaus belohnte die Dichterin. Nun sollte und mußte gefeiert werden. Im Restaurant-Café des Literaturhauses war ein Tisch bestellt worden. Ich hatte das Glück, neben der Dichterin zu sitzen. Zu meiner Linken saß ein großgewachsener Mann mit schwarzer Lederjacke, Halbglatze, grauen Haaren und nachdenklichen Falten auf der Stirn. Er schrieb Drehbücher. Das kam heraus, weil eine kleine, kernige Frau, die aus einem der sogenannten neuen Bundesländer stammte, forderte, daß jeder sich dem anderen vorstellen möge. Sie war auf den ersten Blick recht hübsch, hatte aber etwas so Strenges und entschieden Schwesterliches, so kumpelhaft Humorloses und gänzlich Unkokettes, daß ich keine Lust hatte, mich auch nur eine einzige Sekunde mit ihr abzugeben. Sie war Journalistin bei einer Potsdamer Zeitung, der Mann neben ihr war ein Kollege. Ein anderer schrieb für den *Tagesspiegel*. Eine ältere Dame, die einen grauen Männerhut trug, war mit der Dichterin befreundet und brauchte daher keinen Beruf anzugeben. Sie hatte, wie ich später erfuhr, beträchtliche Anteile an einer Firma für die Herstellung von Ytong-Steinen und war steinreich. Ein Mann mit dunkler Brille, gerader, kräftiger Nase, einem starren und zugleich lebendig leuchtenden Blick, der einen griechischen Namen hatte, war Filmregisseur und, wie sich herausstellte, der Freund des nachdenklichen Mannes neben mir.

Und ich? Wer war ich? Ich wurde rot und fing an zu stottern, wie immer wenn mir diese Frage – die in meinen Ohren niemals anders klang als: Was haben Sie eigentlich auf dieser Welt zu suchen? – gestellt wurde. Mit Mühe brachte ich das Wort »Schriftsteller« heraus und sagte, ich hätte drei Theaterstücke geschrieben, von denen zwei sogar schon aufgeführt worden seien. Ach ja, sagte der Nachdenkliche, er habe sogar ein paar Rezensionen darüber gelesen.

Was?, sagte ich ungläubig.

Ja, sagte er, wie um sich dafür zu entschuldigen, er habe nämlich selbst lange Zeit am Theater gearbeitet, als Regieassistent. Und nun zählte er eine Reihe von Theatern und Theaterleuten auf, an die ich mich aus meiner eigenen Zeit als

Schauspieler noch gut erinnern konnte, so daß sich ein sehr anregendes und auch angenehmes Gespräch ergab, zumal wir beide Raucher waren und uns wechselseitig mit Zigaretten aushalfen. Hin und wieder wurden wir von der Dichterin unterbrochen, die immer wieder sagte, sie könne nichts verstehen und wolle auch mit einbezogen werden. Dann wiederholte der Nachdenkliche etwas, das ich gerade gesagt hatte, und ich ersah daraus, daß er ein guter Zuhörer war. Vor vielen Jahren, während ihrer gemeinsamen Schulzeit, war er der Geliebte oder wenigstens der Angebetete der Dichterin gewesen, ohne freilich ihre Liebe zu erwidern. Darüber hatte sie sogar einen Roman geschrieben, nur hatte sich noch kein Verlag dafür gefunden. »Hier«, sagte sie, indem sie aus ihrer Handtasche einen Brief hervorzog und mir vor die Nase hielt, »lesen Sie das.« Ich dachte natürlich, es handele sich um den Brief ihres geliebten »Heinrich Peter«, über welchen sich der Liedermacher Wolf B. so erregt hatte, aber es war ein langes, sehr respektvolles Schreiben der Lektorin eines angesehenen Verlages, die den Roman in den höchsten Tönen lobte, bevor sie der Dichterin bedauernd mitteilte, daß der Verlag sich leider nicht zu einer Veröffentlichung entschließen könne.

Ich kannte aus eigener Erfahrung das Absageverhalten von Verlagen und konnte ermessen, welch unschätzbaren Wert eine so liebevoll gehaltene Absage für die Dichtern haben mußte. Ich hatte einmal einen ähnlichen Brief bekommen und mich sehr beherrschen müssen, ihn nicht ebenfalls überall herumzuzeigen. Nachdem der Nachdenkliche genug von sich erzählt hatte, gab ich im Austausch dafür nun auch Teile meiner eigenen Biographie preis. In solchen Momenten, in denen man versucht, dem Fremden das eigene Leben zu erklären, rückt das Vergangene ja auf eine wunderbare Weise näher, blüht auf wie die Rose, die Paracelsus aus der Asche entstehen ließ, und wird wie durch Zauberei lebendig. In München auf der Schauspielschule sei ich gewesen, sagte ich und nannte die Namen meiner Lehrer. Dann Dortmund, Städtische Bühnen, Kindertheater! Dann aber, 1968, sei ich vom Theater abgegangen und nach Berlin gezogen. Am Anfang hätte ich zwar noch das Ziel gehabt, eine freie Theatergruppe zu gründen, dann aber sei ich von der linken Bewegung oder der Apo, wie sie damals hieß, so fasziniert gewesen, daß mir das Theater und die ganze Kunst überholt, veraltet, lächerlich erschienen seien. Und damit sei ich nicht allein gewesen. In der Literatur sei dasselbe passiert. Enzensberger: Die Literatur ist tot! Undsoweiter. Selbst die Maler hätten vorübergehend ihre Pinsel beiseite gelegt. So sei ich also vom Theater abgekommen, sprudelte es aus mir heraus, während ich eine Zigarette nach der anderen rauchte und mich beim Weintrinken auch nicht gerade zurückhielt, aber es sei doch ein nagender Trennungsschmerz zurückgeblieben, als wäre der Abgang vom Theater die Vertreibung aus dem Paradies gewesen. Bis auf den heutigen Tag sei ich nicht frei von der Sehnsucht, in dieser oder jener Weise wieder mit dem Theater, so rührend veraltet es einem auch vorkommen möge, in Berührung zu kommen und aus einem Abtrünnigen und verlorenen Sohn zu einem heimgekehrten und wiederaufgenommenen zu werden.

»Aber Ihre Stücke sind doch aufgeführt worden!« sagte der Nachdenkliche kopfschüttelnd und wohl auch ein bißchen tröstend, wodurch ich, leider viel zu spät, bemerkte, daß ich mich in die Rolle eines zu Bedauernden hineinfabuliert hatte.

»Ja«, sagte ich, »oder nein! Ich hatte gedacht, ich kann bei den Proben dabei sein und möglicherweise bei der Regie ein wenig mitreden –, aber das war genau das, was sie verhindern wollten. Nichts fürchtet der Regisseur so sehr wie einen Autor, der ihm ins Handwerk pfuscht. Nur der tote Autor ist ein guter Autor. Das ist eine der schmerzlichsten Erfahrungen, die ich in den vergangenen Jahren habe machen müssen.«

An dieser Stelle wurden meine Konfessionen unterbrochen. Niemand bedauerte das, ich am allerwenigsten. Bedauerlich war nur, wie es geschah. Es war spät geworden. Das Journalistenpaar aus Potsdam war längst aufgebrochen, um nicht die letzte S-Bahn zu verpassen. Der für den *Tagesspiegel* schreibende Kollege hatte sich schon vorher verkrümelt, und auch die ältere Dame hatte sich von der Dichterin, die übermorgen nach Philadelphia zurückfliegen wollte, verabschiedet und ihr die besten Wünsche mit auf den Weg gegeben. Nur der Grieche, der Freund des Nachdenklichen, saß außer uns noch mit der Dichterin am Tisch und hatte, wie ich auch bei noch so eifriger Selbstdarstellung nicht überhören konnte, einen kleinen Disput mit ihr begonnen, ein Wortgefecht, das sich langsam aber sicher zu einem prächtigen Streit gesteigert hatte. »Nein«, schrie er plötzlich, und an dieser Stelle gab ich jeden Behauptungswillen auf und beschloß, von nun an nur noch den Ausführungen der anderen zu folgen, »nein, Dörte Blunck, du bist keine Dichterin, du hast nicht einen Funken Poesie in deinen Adern. Du bist eine selbstsüchtige, egozentrische, kitschige Person, die in ihrem ganzen Leben nicht ein einziges gutes Gedicht zustande gebracht hat! Dir geht es nicht um die Dichtung, dir geht es um dich! Aber dein Ich hat nichts Bedeutendes, nichts Beispielhaftes, nichts Tragisches, nichts Komisches, es ist nur ein lästiges, überflüssiges, aufgeblasenes und total frustriertes Hausfrauen-Ich, das sich mit aller Schamlosigkeit in die Kunst hineindrängen will, wo es nichts zu suchen hat, gar nichts, überhaupt nichts! Wenn du nicht soviel Geld hättest, dann wärest du ein noch nichtigeres Nichts, als du es ohnehin schon bist, soviel ist sicher! Du bist keine Dichterin, du bist eine Dichterdarstellerin, und auch das noch auf eine billige, schmierenkomödiantische Weise, das ist die Wahrheit. Alle Welt versinkt vor Scham in den Boden, wenn du deine sogenannten Gedichte vorträgst, nur du selbst, die sich am meisten schämen sollte, merkst es nicht. Wie kannst du eine Dichterin sein, wenn du so blind bist, so schamlos, so unempfindlich für das, was du den anderen zufügst! Ich verachte dich, Dörte Blunck, und ich kann dein egozentrisches Geschwätz nicht mehr ertragen, so! Du hast die Wahrheit gewollt, da hast du die Wahrheit, jetzt nimm sie dir zu Herzen oder laß sie an dir abprallen, es ist mir gleichgültig, es ist mir egal, es ist mir – Jamas!« Mitten im Satz hörte er auf, hob sein Weinglas in die Höhe, lächelte und prostete uns zu.

Die Dichterin saß wie versteinert da und hielt ihre schwarze Handtasche mit beiden Händen umklammert. Ich erwartete, daß sie nun ihrerseits mit einer Schrei- und Schimpfkanonade antworten würde, aber stattdessen sagte sie mit theatralischer Ruhe und einem, wie soll ich sagen, pathetischem Understatement: »Sehr schön. Wunderbar. Ganz herrlich. Allerliebst. Das ist nun also der Dank dafür, daß meine Mutter und ich Euch hunderte Male zum Essen eingeladen haben. Wunderbar. Aber so ist die Welt. Man lädt jemanden zum Essen ein und muß sich dann auch noch von ihm beschimpfen lassen. Herrlich. Sehr schön. Allerliebst.«

Darüber verlor nun sogar auch der Nachdenkliche seine Ruhe: »Das ist eine saudumme Gemeinheit, Dörte«, schrie er, »das weißt du genau. Aber bitte, meinetwegen, bitte: Schick mir die Rechnung für hundertmal Essen, dann werde ich sie dir bezahlen, auf Heller und Pfennig, und am besten fangen wir gleich damit an! Du bist eingeladen, heute bist du unser Gast. Herr Ober, wir möchten zahlen!«

»Ich zahle für mich selbst!«, sagte die Dichterin nun auch etwas lauter und stand auf, um den Ober abzufangen, bevor er an unseren Tisch kommen konnte. »Und ich danke euch« – wofür, wußte man nun wirklich nicht mehr – »ich danke euch, wir werden uns in diesem Leben bestimmt nicht wiedersehen.«

Sie wandte sich zum Gehen, kam aber, nachdem sie dem Ober das Geld für ihre Zeche in die Hand gedrückt hatte, noch einmal zurück, wobei sie mit bösem Blick auf einmal mich anstarrte. »Und Sie«, sagte sie sehr prononziert und noch immer theatralisch, anders konnte sie nicht, »Sie haben die Schuld daran. Ich danke Ihnen. Vielen Dank!«

Das war nun wirklich eine überraschende Wendung. Der Grieche sagte ihr Wahrheiten ins Gesicht, und ich hatte die Schuld. Und doch erschien mir der Vorwurf nicht gänzlich an den Haaren herbeigezogen. War ich nicht überhaupt nur widerstrebend und gegen jeden guten Rat meiner inneren Stimme ins Literaturhaus gegangen? Und hätte ich nicht ehrlicherweise nach der Lesung sofort das Weite suchen müssen, anstatt mich lügnerisch und heuchlerisch neben die Dichterin zu setzen und mich zwischen sie und ihre Jugendliebe zu drängen? Es war schon spät, ich hatte viel getrunken, viel geraucht, aber das war nicht der Grund dafür, daß ich mich schäbig fühlte, ja, verräterisch. Ich hatte diese Frau verraten, und ich hatte es deswegen getan, weil ich mich ihr verwandt fühlte: All das, was der Grieche ihr auf den Kopf zu gesagt hatte, hätte er auch zu mir sagen können, es hätte mich nicht gewundert. Ich hätte ihm sogar recht gegeben. Ich bin nicht ein Schriftsteller, weil ich schreibe, hätte ich gesagt, sondern ich schreibe, weil ich ein Schriftsteller sein will. Das ist die Wahrheit. Aber da der Grieche nicht auf die Idee kam, mir irgendetwas auf den Kopf zu zu sagen, sagte ich nur »Auf Wiedersehen« und behielt den Rest für mich.

Am nächsten Tage und auch noch an den zwei darauffolgenden befand ich mich im Zustand tiefster Depression. Dann geschah ein Wunder. Ich kaufte mir ein Buch von Hans Sahl, dem neunzigjährigen Dichter, dem ich vor einigen Monaten auf einem Verlagsfest begegnet war. Ich blätterte in seinem Memoirenband und stieß auf einen Satz, der mich nicht nur beruhigte, sondern aufrichtete und geradezu ermutigte: »Ein Schriftsteller«, so stand es da, »ist ein Mensch, der beschlossen hat, ein Schriftsteller zu werden.« Ein wunderbarer und erlösender Satz, von einem, der es wissen mußte. Schließlich war er damit neunzig Jahre alt geworden. Na, wenn es so ist, dachte ich, dann kann ich ja getrost so weitermachen wie bisher.

Kurfürstendamm Ecke Joachimtaler Straße, um 1950. Fotokarte [*Slg.* G.K. Bose].

Sarah Haffner
Die Bürgerinitiative

[Seit Anfang 1980] machte ich bei einer Bürgerinitiative mit. In der Fasanenstraße sollten drei schöne alte Stadtvillen nahe am Kurfürstendamm, schräg hinter meinem Haus, abgerissen und zwei über hundertjährige Bäume gefällt werden, um Platz für »Wohnungen für Führungskräfte« und ein Kino zu machen. Das mußten wir vereiteln. Im Haus Nummer 23 waren das Restaurant »Wintergarten« und darüber ein Bordell gewesen. Das Dach war schadhaft. Die Besitzer ließen absichtlich Wasser hineinlaufen, um das Haus zu ruinieren und es abreißen lassen zu können. Wir sahen es uns an. Die Fußböden waren schon ganz gewellt. Zum ersten Mal in meinem Leben sah ich ein Bordell. Orange gestrichene Zimmer. Es war enttäuschend. Ich hatte mir rote Samttapeten vorgestellt.

Durch die Arbeit in der Bürgerinitiative erfuhr ich ein wenig von der Geschichte meines Wohnblocks. Der Block hatte der Familie Wertheim gehört. Nach der »Arisierung« im Dritten Reich war eine Zeitlang geplant, den ganzen Block abzureißen und daraus ein »Großdeutsches Kaufhaus« zu machen. Warum dies nicht geschehen ist, konnten wir nicht herausfinden, aber Gott sei Dank ist der Plan nicht durchgeführt worden.

Jetzt galt es, eine nachträgliche Verschandelung des Blocks zu verhindern, der bis auf die südliche Seite an der Lietzenburger Straße vom Krieg verschont worden war. Unsere Bürgerinitiative kämpfte mehrere Jahre. Ich machte solange mit, bis abzusehen war, daß die Villen stehenbleiben würden. Heute sind das Literaturhaus, das Käthe-Kollwitz Museum und die Galerie Pels-Leusden dort untergebracht.

Joy Markert
Menschen vor Vitrinen. Ausstellungsprosa

Aufsicht Weitsicht

J. macht Aufsicht. Bei dieser sitzenden Tätigkeit wird er eines Nachmittags gegen siebzehn Uhr jäh aufgeschreckt. Ein älterer Herr äußert Beschwerden. Es sei zu dunkel, und die Beschriftungen seien von Hornochsen angebracht worden. Die Aufsicht habe dem abzuhelfen. J. nähert sich ihm hüstelnd, dann verstummen beide. Ein Zeigefinger des Herrn deutet zur Beschriftung, die er zu lesen wünscht, unter einem Foto an der Wand. Dazwischen steht sperrig die Vitrine. Man kommt nicht nahe ran.
– Man kann das nicht lesen, sagt der Herr nun, nach dem langen, stummen Augenblick.
J. liest aus drei Metern Entfernung vor: »Hilde Spiel im Cafe Central, Wien, Herrengasse.«
Der ältere Herr wird grantig.
– Sie brauchen sich über mein Alter nicht lustig zu machen. In Ihren Jahren hatte ich noch vorzügliche Augen.
J. grinst versöhnlich.
– Ich bin weitsichtig, das ist alles. Und Sie sind kurzsichtig.
Der alte Herr ist rasch versöhnt: Er versucht sogar zu lächeln. Das wird aber ein Zähnefletschen.
J. setzt sich wieder. Das Fletschen erinnert ihn einen kurzen Moment an Flesch-Brunningen. Er sagt das dem Herrn. Der beendet das Lächeln.
– Flesch-Brunningen sagt mir nichts.
J. deutet auf das Photo von Hilde Spiel. Die Schriftstellerin sitzt im Kaffeehaus vor verblichenen englischen Goldtapeten.
– Sie war die Ehefrau von Flesch-Brunningen.
Der ältere Herr schüttelt den Kopf.
– Sie war mal mit dem Architekten Peter de Mendelssohn verheiratet, die Hilde Spiel, sagt er. Mehr weiß ich nicht.
– Und mit Flesch-Brunningen, erwidert J. Der war auch Schriftsteller. Und konnte so die Zähne fletschen. So sardonisch.
Der Herr versteht satirisch.

– Satyrisch, sagt J., das auch. Damals war er berühmt, sie kannte keiner. Heute ist es umgekehrt.
Der Blick des Herrn verweilt lange auf den Goldtapeten.
[Ausstellung: Im Caféhaus oder Wo schreiben?]

Eintritt

Eine Hünin stürmt in die Ausstellung. Der Kassierer J. stellt sich ihr in den Weg.
– Verzeihen Sie, ich muß Ihnen Eintritt abfordern.
Ihr Shawl köpft ihn, das Gestrüpp im Wege.
– Eintritt?
– Ja, leider.
Sie reißt ihren Shawl von ihm.
– Ich bin doch nicht blöd. Ich hab' hier noch nie Eintritt bezahlt.
– Andere Leute auch nicht, sagt J. Es war ja bislang umsonst.
Sie putzt mit dem Shawl schwungvoll eine Vitrine.
– Was andere Leute machen, interessiert mich nicht.
– Mich auch nicht.
Sie stranguliert sich jetzt mit ihrem Shawl, auf dem sie steht.
– Es geht mir nur um die fünf Mark, meint J.
Sie reißt an Shawl und Bein.
– Sie können sich was husten.
Da hat sie allerdings auch wieder recht.

Ein Zopf läuft vorbei und wird vom Kassierer J. angehalten. Es koste. Als Journalist habe er freien Eintritt! Nein? Er sei akkreditiert! Wo? Er habe über Pabst publiziert! Was? In der DDR! Er werde sich beschweren. Er käme wieder!

Das Treppenhaus riecht nach Destille. Vor dem Hausmeister, Peter Bodnár, erscheint ein Stadtindianer.
Bodnár: Fünf Mark.
– Presse!
– Ja, fünf Mark.
– Nee, Presse.
– Macht nichts, sagt Bodnár.
Der Stadtindianer zahlt nicht, er schaut kostenlos aus den Augenwinkeln die

Photos ratzeputz weg.
Im Gehen: Ich muß nicht zahlen.
In der Tür: Ich muß mir das nicht bieten lassen!
Auf der Treppe: Ich muß mir das nicht ankucken!
Er besucht mit Schnapsfahne abends die kostenlose Veranstaltung, schaut sich die nun ebenfalls kostenlose Ausstellung ausführlichst an, macht sich Notizen.
Ein wirklich Interessierter steht vor euch.
Du kannst einem Indianer nicht ins Herz schauen.

Ein Paar. Er zückt das Portemonnaie. Sie haut ihm auf die Finger, trifft das Portemonnaie, spricht, während er hinter den Münzen zu Boden geht.
– Zahlen? Für die paar Vitrinen?
Kassierer J.: Der Eintritt ist für das, was drin ist.
– Will ich gar nicht wissen.
Ebend!

Der im Selbstverlag bekannte Lyriker sinniert vor Hans Bettauers Buch *Die freudlose Gasse*. – Daß aus sowat sowat geworden is.

Einer steht unschlüssig im Raum.
– Wollen Sie sich die Ausstellung anschauen?
– Nicht direkt.
– Sondern wie?
– Ich hab' hier so einen kleinen Prospekt, den wollt' ich auslegen.
Er fängt an.
– Bitte nicht in der Ausstellung. Unten im Treppenhaus ist Platz dafür. Da liegt noch mehr.
– Hier sieht man's aber besser.
Werbung für Meditationslyrik.
– Paßt nicht zu Pabst.
– Woher wollen Sie das wissen?
Während J. darüber nachdenkt, woher er das wissen will, hat der Künstler alles fertig ausgelegt. Eine meditative Lyrikauslegware.
J. merkt endlich, daß er es überhaupt nicht wissen will.
– Schaun Sie sich doch mal um, da kommen Sie auf andere Gedanken.
– Wär ja noch schöner, Sie.
[Ausstellung: G. W. Pabst]

Stimulans

Ich sitze wie Zerberus am Eingang zu einem anderen Reich: Eintritt zu den Stimulanzien.
Natürlich gab es den Suff. Klassiker Wieland korrespondiert mit seinem Weinhändler, Jean Pauls Frau gibt erleichtert kund, daß das neue Faß Bier für ihren vertrockneten Jean endlich da ist. Und natürlich brauchte ein moderner Autor wie Heinrich Böll Unmengen Kaffee und Zigaretten, merkwürdigerweise dazu eine Flasche 4711. Und natürlich wird von Schillers faulenden Äpfeln berichtet, deren Geruch Goethe aus dem Zimmer trieb, noch eher als Tabaksrauch. Goethe selbst behauptet, von schönen Frauen angeregt worden zu sein, während die Forschersleut' des Schillermuseums ihn bei ganz anderen Anregungen ertappten: Heftigst stimuliert wurde er, wenn ein Konkurrent ihm ein Thema wegzuschnappen drohte, selbst wenn es nur um die Botanik ging.
Eine homöopathische Reiseapotheke aus dem 19. Jahrhundert ist aufgestellt, deren Inhaltsfläschchen viel Opiathaltiges boten. Novalis erklärt seinem recht bürgerlichen Bruder die gerade in Mode gekommene Reiztheorie. Und farbige Wandtafeln aus der Zeit der Romantik weisen auf die Inhaltsstoffe poetisch gezeichneter Pflanzen hin: Digitalis im Fingerhut, Akropin im Stechapfel, Hyoscamin im Bilsenkraut, Strophantin in der Drehblume, Atropin in der Tollkirsche, Opium im Schlafmohn. Es wundert mich Zerberus nicht, daß schon am zweiten Tag eine Gruppe gymnasialer Rapper mit der Frage an meinen Tisch herantritt: »Geht's hier zur Drogenausstellung?« Stimulanzien in der Poetenwelt. Auch: Gerüche und Erinnerungen, Trance und Traum, aber eben auch Narkotika und Bewußtseinserweiterung. Ein Tagebuch von Ernst Jünger liegt da. Der Mann versuchte eisern festzuhalten, was ihm während eines LSD-Trips widerfuhr. Wenn ich das mit eigenen Ausflügen vergleiche, weiß ich eisern, weshalb ich auch sonst solche Entdecker-Heroen unzuverlässig fand. Und dann liegt da auch jenes geliebte Gedicht von Gottfried Benn, in seiner Handschrift mehrmals korrigiert, und der Schluß weist aufs Gift hin.

Ob Rosen, ob Schnee, ob Meere,
was alles erblüht und verblich –
es gibt nur zwei Dinge: die Leere
und das gezeichnete Ich.

Poetische Wandzitate. Lichtenberg notiert.
»Aber der Herr P. kann recht trinken, sagte neulich jemand zu mir, erst zwei

Bouteillen Wein und dann zwölf Gläser Punsch. – Was will er damit? Wenn ich ihn anders recht verstehe, so dünkt mich, ich könnte alles viel geschwinder tun, was Herr P. tut, wenn ich mir eine Pistole vor den Kopf schösse.«
Derselbe Lichtenberg, der das Rausch-Bild fand: »Blitztrunkene Wolken, spotttrunken.«

Halbe Schulklassen kommen in die Ausstellung, halbe, weil es ausschließlich die Mädchen sind, die sich für Kultur interessieren. Eine einzige Schülerin hat es geschafft, einen Jungen mitzuschleppen, doch nur, weil er ihr Lover ist. Statt Walter Benjamins Tabakspfeifen oder Bernward Vespers Ausschnitt aus seinem LSD-Buch *Die Reise* anzuschauen, oder Portraits von Goethes Musen, verkrümeln sie sich in eine Ecke, und sie schnäbeln wunderschön, und genau über ihnen hängt der eleganteste Wandspruch dieser Ausstellung, er ist von Victor Auburtin und heißt: »Die besten Einfälle kommen mir morgens, wenn ich mich mit meinem Gillette-Apparat rasiere ... Darum schreibe ich auch immer so kurz und sowenig; denn, mein Gott, ich kann mich doch nicht den ganzen Tag rasieren!«
Und eines Nachmittags kommt Monsieur Bober. Gast im Literaturhaus. Am Abend liest er aus einem Roman, der hierzulande unbekannt ist. Monsieur Bober spricht ausschließlich französisch, obgleich er jedes deutsche Wort versteht. In Berlin wurde er geboren, einunddreißig. Warum er sich so verhält, wird einem klar, wenn man in seinen Roman hineinliest. Mir ist, als hatte ich die grausamste Anregung verspürt, einen vergessenen Schriftsteller endlich zu lesen.
»Ihre Liste mit den zu verheirateten Leuten riecht nach Seife, Madame Sarah.« Was übrigens stimmte. »Sie würden vielleicht die Zeit vorziehen, in der die Seife nach den zu verheiratenden Leuten roch, Monsieur Léon?«
Robert Bober erzählt die Geschichten geretteten Lebens, die sich Angestellte einer Damenschneiderei sechsundvierzig in Paris erzählen. Seinen Namen kannte ich nur aus dem Kino, er war Regieassistent von François Truffaut.
Am zweiten Nachmittag schaut er sich die Ausstellung nochmals an, und vor Schillers kristallenen Weingläsern erzählt er auf einmal doch in deutscher Sprache. Bobers Vater züchtete Apfelsorten des siebzehnten und achtzehnten Jahrhunderts, und von ihm erfuhr er, daß auch Schillers Vater Äpfel gezüchtet hatte, und daß der junge Friedrich in der Kadettenatmosphäre der Stuttgarter ›Planie‹ vor Sehnsucht nach zuhause immer väterliche Äpfel gehabt habe. Väterliche Äpfel. So einfach sei das gewesen, und so menschlich. »Wissen Sie, auch Tröstliches kann ein Stimulans sein.«
»Das Haus ist gut restauriert worden«, sagt Monsieur Bober. Er wohnt zwei Tage

in einem der beiden Gästezimmer des Literaturhauses. In dieser kleinen Villa, vor über hundert Jahren von einem reichen Fabrikanten für seine Tochter und deren Mann gebaut, der Schwiegersohn war Polarforscher. Das erregt Monsieur Bobers Neugierde. »Die Einsamkeit«, sagt er, »wissen Sie, Einsamkeit ist ein fast unerforschter Reiz.«
[Ausstellung: Schillers Äpfel oder Wie stimulieren?]

Spurensuche

Wenn Aharon Appelfeld liest, wird es voll. Womit nicht zu rechnen war, ist das rege Interesse seines deutschen Verlags, der sich so eine eigene Präsentation spart. »Sie kennen mich ja«, sagt der Pressechef. Er hat fünf Mitarbeiter mitgebracht. Die zahlen alle keinen Eintritt.
»Ich bin Lektorin beim Verlag«, sagt eine weitere Dame, eine achte ist einfach nur »vom Verlag«. Sie wollen alle nicht zahlen.
Aber es hört nicht auf. »Frau Krusche hat mich eingeladen«, sagt die Nächste. Inzwischen finde ich es ungehörig, den zahlenden Gästen die Plätze weg zu nehmen. – »Ich kenne Frau Krusche nicht«, sage ich.
Das Literaturhaus muß Eintritt fordern. Vier weitere Damen, von Frau Krusche eingeladen, zahlen mit hochgezogenen Augenbrauen, aber zahlen.
Wenn Appelfeld liest, wird es voll. Aharon Appelfeld erhielt vor kurzem den National Jewish Book Award.
Aus den Gesprächen von Gästen erfahre ich, den Appelfeld kenne kein Mensch. Aber Henryk M. Broder ist angekündigt. Sie kommen alle, weil Broder den Autor vorstellt. Broder ist der Publizist, der sich ein Bonmot zum Motto auserkor: Warum sachlich, wenn es persönlich geht.
Appelfeld liest aus seinem Roman hebräisch, Broder den deutschen Text, und ihr Gespräch werden sie Englisch führen.
Nach einer Viertelstunde stehen zwei Frauen auf und gehen. Sie beschweren sich bei mir lauthals, daß sie in der falschen Veranstaltung sind. Ich bitte sie händeringend, die anderen nicht zu stören, aber sie wollen zur NGL, wo die sei, und ein bißchen dalli.
Die NGL läßt im Kaminraum lesen. Zur Strafe gebe ich ihnen, nicht wie gefordert, das Eintrittsgeld zurück.
»Wenn Sie in der Philharmonie aufstehen, weil Ihnen einfällt, daß Sie in die Lützower Lampe wollten, verlangen Sie auch kein Geld zurück.«

Um 21 Uhr 10 kommt ein Mann und will wissen, ob hier der englische Anwaltsverein tagt.
Das Publikum soll mitreden, sagt Broder, Deutsch, Englisch oder in Engelszungen. Und eine junge Frau fragt Hebräisch, Appelfeld antwortet Hebräisch, sie fragt nach, es wogt hin und her, und Broder sagt dem Publikum, es erlebe eine typische israelische Parlamentsdebatte. Das entspannt den Disput sofort. Vor allem verhindert es die typisch deutsche Literaturdiskussion.

Nach der Lesung tritt eine Dame vor mich und sagt: »Dann geben Sie mir mal eins.«
»Was?«
»Wie was? Na das Buch.«
Das, woraus der Autor die ganze Zeit vorgelesen hat. Bin ich denn so schwer von Begriff?
Ich deute zum Tisch der Buchhändlerin.
»Wieso sitzen Sie dann da?«
Ich berichte, daß ich ihr anfangs die Eintrittskarte verkauft habe.
Nein, wozu ich Bücher um mich rum liegen habe.
»Das hier handelt von der Literatur aus der Bukowina. Appelfeld ist in Czernowitz geboren.« Ich preise ihr flugs das Buch an. Sie kauft es unbesehen, wenn sie schon da ist, und geht dann das richtige Buch bei der richtigen Buchhändlerin kaufen.

Dort entsteht plötzlich Streit. Einer schimpft mit der jungen Buchhändlerin, und sie schimpft zurück. Es wird gehässig. Zwischen ihnen steht der Chef der Buchhandlung. Der sollte einschreiten. Er schaut nur zu. Er hört schlecht. Er weiß gar nicht, was die beiden da treiben.
Anschließend kommt der Mann zu mir. Seine Frau zieht er nach. Sie hat sich eine Eintrittskarte zur Lesung gekauft, obwohl er fünf Minuten zuvor schon eine für sie mitbezahlt hat. Ob ich das nicht bemerkt hätte. Ich kannte seine Frau nicht, sage ich zur Verteidigung und gebe ihnen die sieben Mark und er will unbedingt dafür unterschreiben. Wohin denn? »So kenne ich das!« erklärt er. Ich finde einen Bon neben der Kasse und gebe ihm den zum Signieren, damit er zufrieden ist. Auf dem Bon steht KV. Das heißt Kein Verkauf. Es könnte auch Keine Vorkommnisse heißen.
In der Nacht träume ich vom achtjährigen Aharon, der aus dem Konzentrationslager floh und ganz allein in den Wäldern versteckt lebte, bis ihn die Rote Armee fand. Und gegen Morgen träume ich von Appelfeld, der in einem Flugzeug sitzt,

mit Schlafmaske, wie er von der Kindheit träumt. Ob Appelfeld Deutsch träumt?
[Lesung: Aharon Appelfeld *Der eiserne Pfad*]

Bora Ćosić
Komödie der Irrungen

Eines Samstags erwartete mich der Herausgeber des *Lettre* im wunderschönen Garten des Literaturhauses an der Fasanenstraße. Gärten in Städten sind Orte der Abgeschiedenheit, vor allem jene, die zu Cafés gehören. Gärten sind vielleicht ein Exzeß der Natur im allgemeinen geometrischen, architektonischen und sozialen Gefüge jeder Metropole. Möglicherweise prophezeien sie den Zusammenbruch der städtischen Struktur und ihr Zerfließen in die allgemeinen Rahmen der sie umgebenden Bezirke – irgendwann einmal. Die Welt wird ohnehin, so Breton, auf einer Caféhausterrasse enden.
Ich gehe also dorthin, in den Garten vor dem Literaturhaus, als näherte ich mich einem bereits hinter uns liegenden Zeitabschnitt. Denn in einem Café zu sitzen, mittags an einem Samstag im Oktober, das gehört vielleicht nicht zu meinem grammatischen und existentiellen Präsens, sondern zu einer früheren Lektüre. Als läse ich, wie ich einst in einem Garten saß. Nun trifft auch jene junge Frau ein, meine Übersetzerin. Sie reist an mit einem kleinen Kind, das noch nicht laufen kann. Ich warte darauf, daß ich sie aus Richtung Kudamm kommen sehe, so wie Mutter Courage, die Bühne mit ihrem Kinderwagen betretend. Denn auch meine junge Freundin, die aus Kroatien stammt, trägt ihre Last mit sich, die Last des Exils, der Kriegszeit, in der wir leben, wie auch eben jene mütterliche Last. Meine Kolonne rollt von ferne, ich sehe, daß auch wir zum berühmten Berliner Ensemble gehören, es geht um ein Schauspiel, um die Vorstellung unseres Berliner Schicksals; denn wir alle, die wir aus jenem Land im Süden stammen, befinden uns auf einer Weltbühne, auf der wir das vorherige Leben nun zum Vortrag bringen sollen. So hat diese Szenerie zum einen dramatische Züge, zum anderen aber auch etwas von einer Komödie, denn dieser Transport meiner Heimat, diese meine Mitarbeiterin mit ihrem Kind und den unzähligen Taschen, die man für ein Baby benötigt, das alles rollt über die Fasanenstraße, und wenn diese 1. Mai-Kolonne sich endlich am Eingang formiert, wird unser feierlicher bachtinscher Volkskarneval beginnen. Als hätten wir diesem Publikum im Garten etwas vorzusingen oder als führten wir einen Bären für die feine Berliner Gesellschaft. So machen es die Roma. Die ihren Bären, der ziemlich gesittet ist, wie eine Mahnung durch die Städte führen. Eine Mahnung, daß auch ein derart gefährliches Tier gezähmt werden kann, so daß auch der Rest der Welt – also die Menschen – daraus eine Lehre ziehen können. Soweit also mein Bärenausflug, der sich auf den Auftritt unserer kleinen

Truppe an jenem Samstag bezieht. Und der Bär, den wir mit uns führen, ist die gemeinsame Heimat dort im Süden, die vielleicht bisweilen ein sehr gefährliches Tier ist, das zur anständigen Gesellschaft keinen Zutritt hat und das sich manchmal recht plötzlich außerordentlich kultiviert gibt.

Nun sagt meine Freundin, die Mutter des kleinen Kindes, daß sie den Chefredakteur des *Lettre* nicht persönlich kenne – nur der Stimme nach, vom Telefon. Er solle aber, so die Verabredung, schon von weitem mit seiner Zeitung winken. Nur gibt uns in diesem Garten leider niemand ein Zeichen, obwohl alle sehr aufmerksam mein Brechtsches Ensemble betrachten. Zum Glück sehe ich einen jungen Mann, der die betreffende Zeitung vor sich auf dem Tisch liegen hat. Ich nähere mich ihm mit etwas Unbehagen. Schon seit Jahren gehe ich in diesem Land so auf viele Menschen zu. Auch dann, wenn ich gerade mein Land einmal höchstens im metaphorischen Sinne mit mir herumtrage. Aber dann weiß ich, daß dieses Tier hinter meinem Rücken steht, wo es die anderen nicht sehen können. Das ist mein Schicksal als Bärenführer hier im Norden. Dieses Schicksal kommt vielen Menschen bisweilen recht interessant vor, mir jedoch überhaupt nicht. Jetzt soll ich mit dieser unbekannten Person den Auftritt unserer kleinen Theatertruppe vereinbaren. Und ich muß ihm – vielleicht als Regisseur, vielleicht aber auch als Impresario – meine Darsteller vorstellen. Er hört sich all das mit Interesse an, bittet uns an seinen Tisch. Vor allem der Apfelstrudel sei hier sehr gut. Vielleicht auch der Pfannkuchen, aber vor allem der Apfelstrudel. Er hat ihn bereits gekostet, und er kann ihn uns nur empfehlen. Wir schweigen alle, und die junge Mutter aus meinem Ensemble füttert ihr kleines Kind. Irgendetwas ist geheimnisvoll an unserer Nummer. Denn wir hätten mit dem Redakteur über die Ereignisse in Serbien sprechen sollen, aber wir landen beim Apfelstrudel. Das Kind meiner Freundin hat großen Appetit. Das gefällt vor allem der Person an unserem Tisch. Die uns – so glaube ich – im Namen der bekannten Zeitschrift eingeladen hat, ein Gespräch über den Diktator aus dem Süden zu führen, doch nun wird alles auf die Szene reduziert, die vielleicht aus einem der ersten Filme Lumièrs stammt. Er hat zunächst die Einfahrt des Zuges in den Bahnhof aufgenommen und dann – wieder zu Hause – das berühmte Filmchen über das Füttern eines Kindes produziert. Das ist Klassik, und ich sehe nun, daß wir uns wieder an dieser erproben müssen: Denn wir aus dem Süden sind anscheinend dazu verurteilt, all das, was es auf der Welt schon gibt, zu wiederholen, und erst dann etwas bislang Ungesehenes vorzutragen. So wie dieses verrückte Brodeln zu einer Zeit, in der der Rest des Kontinents an einem Samstag gegen Mittag in einem Caféhausgarten sitzt, die ungewöhnlich warme Oktobermitte genießt und Apfelstrudel ißt. Dieses dauert einen Augen-

blick – auch ein Teil jenes dreißigjährigen Krieges im Süden, zumindest hoffe ich das. Daß man uns diese Pause während des Abschlachtens, die für den Verzehr eines Berliner Apfelstrudels gedacht ist, nicht von der Gesamtsumme der Jahre abzieht, welche für das Leiden einiger der dortigen Völker vorbestimmt sind.
Der Mann, den ich für meinen Redakteur halte, betrachtet mich nun eingehend. Als sei meine Jacke nicht korrekt zugeknöpft oder als hätte ich einen Faden am Revers. Menschen, die in einem fremden Land leben, geschieht so etwas häufig. Daß sie den prüfenden Blick der Einheimischen spüren. Dann glaubt jeder, daß irgend etwas mit seiner Garderobe nicht stimmt, aber es geht eigentlich um etwas ganz anderes. Denn sogar wenn wir ganz anständig angezogen sind, haben wir einen anderen Fehler – in der Garderobe unserer Seele. Und das bemerkt man von außen sofort. So dauert die Prüfung an, der dieser Mann mich unterzieht und der mir ansonsten ganz sympathisch ist. Nur beginnt er weder ein Gespräch über eine mögliche Mitarbeit in seiner Zeitschrift noch zeigt er Interesse an den Ereignissen dort bei uns im Süden. Wahrscheinlich verdienen wir es so. Daß endlich das Interesse an uns erlahmt, da wir allen schon langweilig geworden sind. Und am meisten uns selbst. Und falls die Person aus der berühmten Zeitschrift wissen möchte, was wir über die Ereignisse bei uns denken, dann wäre das die richtige Antwort. Daß dieses unser Land auch uns mittlerweile langweilig geworden ist. Und falls seine Existenz – und alle Komplikationen, die dieses Land bei anderen hervorruft – ihnen bereits aus dem Hals hängt, dann ist es uns allemal über. Das würde ich dem Mann gerne in aller Kürze erklären, anstatt daß er meine Garderobe mit seinem prüfenden Blick korrigiert. Ich schließe daraus, daß unser winziges Brechtsches Theater bei ihm als einer Art unmittelbarem Publikum keinen besonderen Erfolg hat. Wir sind Wanderschauspieler einer balkanischen Geschichte, die nicht überall so glatt durchkommt, wie wir uns das dachten. Manchmal hat jemand nebenbei etwas Interesse an diesem Thema, und dann tritt wieder Stille ein. Das Kind meiner Freundin ist recht satt geworden – vielleicht das einzige positive Resultat unseres Gartentreffens. Das immer mehr an eine absurde Szene erinnert, als hätte es jemand einem Stück von Beckett entnommen. Wo Menschen zusammenhanglos sprechen, als hätten einige der begonnenen Themen mit dem Rest des Gespräches nichts zu tun. Alles sieht durcheinandergewürfelt aus, wie in einem Wörterbuch. Dort steht auch allerlei nebeneinander, ohne tieferen Sinn. Obwohl ein Gespräch unter den Menschen sich vielleicht genau auf diese Art entwickelt: verschiedene Themen werden in die Runde geworfen, scheinen einem Wörterbuch entnommen und zum Schluß vernachlässigen wir sie alle. So etwas geschieht uns nun. Wir sind hierher gekommen, um gewich-

tige historische Fakten zu besprechen, und verheddert haben wir uns in einem Vaudeville und in einem Melodrama von Tschechow! In dem alle Apfelstrudel essen, eigentlich sind sie jedoch sehr düster gestimmt. Und warten darauf, daß nach dem Frühstück auf dem Rasen etwas für alle Entscheidendes auftreten möge, was dann nicht geschieht. Ich glaube, daß der Herr an diesem Tisch unser Redakteur ist – er zeigt es jedoch nicht. Er prüft nur auf das Genaueste, was sich auf meiner Jacke befindet, ob dort ein weißer Faden liegen geblieben ist, den er dann gerne entfernen würde. Als hätte ich nicht selbst ununterbrochen eben diese Idee, den Faden meines Schicksals zu entfernen, der auf meiner Schulter oder wo auch immer liegt. So hört er allerlei aus unserem Leben, als ob er in ein Panoptikum geraten wäre. Und er prüft dabei aufmerksam, wie die Personen aus Wachs erschaffen wurden. Das ist die Fabel unserer Komödie der Irrungen. Aber vielleicht verhält es sich mit der Geschichte im Allgemeinen genauso wie in einer Komödie der Irrungen, in der einzelne Personen gar nicht zurecht kommen. Ohne zu begreifen, wer diese Menschen sind, die sie umgeben. Manchmal sogar über sich selbst nicht besonders viel wissend. Denn jedes Theaterstück, vor allem jene, die zur Komödie tendieren, besitzt solche Doppelsinnigkeiten, von denen die Geschichte lebt. Ohne die es auch keine elementare Verwicklung gäbe, jene historische, um die sich alles dreht.

Dann tritt jene Person auf den Plan, die alles aufklärt. So etwas geschieht mit Vorliebe bei Molière aber auch anderswo. Eine neue Figur auf der Szene, mit der die Handlung eine ganz neue Richtung nimmt. Diese gerade eingeführte Person hält ihre Zeitschrift in der Hand; es stellt sich also heraus, daß unser echter Redakteur endlich eingetroffen ist. Als kündige sich im Revisor endlich der wahre Inspektor an, den keiner mehr erwartet hatte. So verläuft also die kleine Szene der Komödie der Irrungen in einem Garten in der Fasanenstraße. In der etwas geschehen ist, das auch in meinem Land im Süden geschieht – eine Art Alptraum. Dort sieht sowieso alles aus wie in Gogols Komödie. Und die ganze Stadt glaubt, daß der wahre Revisor gekommen ist, der die Streiche aufzuklären hat, die sich in dieser Stadt viele erlaubt haben. Später wird man jedoch vielleicht herausfinden, daß es die falsche Person ist. Jemand, der nur vom Durcheinander profitiert, das in der russischen Provinz herrscht – voller Gesetzlosigkeit und Korruption. Und erst am Schluß kündigt sich der Auftritt des echten Inspektors an, eines strengen und unbestechlichen Mannes. Bis zu einer solchen Auflösung wird in meinem Land noch viel Zeit vergehen. Bis diese ganze Farce aus mehreren Akten zu Ende ist, und das erwünschte Finale wird erst danach kommen. In Gogols Komödie ist es bedeutsam, daß jenes Gesindel von Provinzbonzen sogar beim falschen Inspektor beichtet, so daß einiges ans Tageslicht kommt. Jeder möchte ihm gefallen, denn alle glauben, daß er ihnen schaden kann, obwohl schon auf den ersten Blick sichtbar ist, daß diese Person keine besondere Strenge ausstrahlt. Einige hätten sich ihre Bekenntnisse sogar sparen können und nicht ins offene Messer laufen müssen. So sind sie sich einig, daß sie die städtischen Institutionen, das Waisenhaus und die Schule, ja sogar die eigenen Büros nicht übermäßig in Ordnung halten, sondern alles in einen Schweinestall verwandelt haben. In eine Müllhalde, auf der Gänse schnattern und alles nach Alkohol stinkt. Ich glaube, daß das ein sehr getreues Abbild meines Landes heute ist. Das wir alle in der Rolle des historischen Inspektors in einem riesigen Dreckshaufen vorgefunden haben. Einiges von diesem Dreck haben die Gänse hinterlassen, welche sich dort in der Verwaltung eingenistet haben, und den Rest die Menschen selbst, die dort beschäftigt sind. Die für längere Zeit gar keine Lust an irgend etwas verspürt haben. Die jede Ordnung vergessen haben, als sie ihrem Vorsteher dabei zusahen, wie er ihr Städtchen zurichtete. Mein Land – das ist jene Weltprovinz, die einst eine recht anständige Gegend war, bis zu dem Zeitpunkt, in dem jede Ordnung vernachlässigt wurde und die allgemeinen menschlichen Umgangsformen. Und so haben sie etliches getan, zunächst in der Nachbarschaft, und später bekamen sie einiges davon auch selbst zu spüren.

Mein Land – das ist jenes Provinzstädtchen aus der alten Zeit des zaristischen Rußlands mit einer völlig verwirrten Stadtverwaltung. In der Stadt funktioniert beinahe gar nichts mehr, und trotzdem sitzen die Menschen in Wirtshäusern und trinken ziemlich viel. Beim Trinken tratscht man auch über die Stadtverwaltung, aber dabei bleibt es auch, und der Verwalter treibt seine Spielchen weiter, vor allem die Frau Verwalterin. Bei Gogol ist das alles bis ins Letzte beschrieben. Deshalb brauchen wir es nicht zu wiederholen. Eine verrückte Gegend, in der das Leben manchmal ein Hundeleben ist – und dennoch beschwert sich die Bevölkerung kaum! Das begreife ich nicht, obwohl ich selbst aus diesem Bezirk stamme, wie aus einem surrealistischen Przemysl. Immer wenn ich mich an die Gegend erinnere, aus der ich komme, fällt mir dieses phantastische Städtchen Przemysl ein, das irgendwo in Galizien liegt. Dort, wo ich nie war; oder vielleicht doch. Denn wir Völker aus dem osteuropäischen Sozialismus, wir sind alle Bewohner von Przemysl, das für mich als Symbol für Hinterweltlertum und Borniertheit steht, dessen Straßen und Gebäude wunderschön sind. Nur durch die Umstände sind sie vernachlässigt bis zu einer Stufe, die ein Przemysl-Niveau erreicht. Es ist ein Ort mit herrlichen Häusern, deren Fassaden der Zeit überlassen wurden, sodaß aus ihnen Ruinen wurden. Man sollte in der Geschichte des dialektischen

Materialismus, der in den östlichen Teilen unserer Stadt Berlin immer noch ziemlich verehrt wird, untersuchen, ob sich dort ein solcher Plan finden läßt. Zur Verwandlung eines anständigen Städtchens in Przemysl. Zur Art, wie das erreicht wurde, oder doch mindestens der kleinste Grund für eine solche Entwicklung. Vielleicht liegt ein tieferer historischer Sinn darin, aus jedem Städtchen ein Przemysl zu schaffen.

Denn es ist nicht möglich, daß ein derart verrücktes Vorhaben zufällig stattfand. Sondern die ganze Sache ist auf eine bestimmte philosophische, metaphysische Art gegründet. All das erzähle ich meinem Redakteur, um ihm zu erklären, was in meinem ehemaligen Land geschieht und warum. Es gibt nämlich keine andere vernünftige Art, ihm diese Dinge zu erklären. Und so muß ich mich – wie immer – in Bildern erklären, welche manchmal ganz irre scheinen. Ich sehe auch selbst ein, daß das hier kein exakter Bericht über die Zustände im Süden ist, vor allem weil er aus der Ferne geschrieben wurde. Das hier ist mehr ein Zeugnis – aus der Erinnerung entstanden. Da ich die Menschen dort am unteren Rand dieses Kontinents kenne. Von dort aus habe ich mich auf den Weg nach Norden gemacht, wo ich mein eigenes Sein irgendwo an einen Nagel hoch an der Wand aufzuhängen versuche. Und ich stelle mich dabei auf die Zehenspitzen, um diesen Nagel einschlagen zu können, und später werde ich das, was ich in der Tasche meines Lebens trage, dort unter der Decke aufhängen. Es kann sein, daß das nichts besonderes ist, aber es ist meine einzige Habe. Ein Stück Erinnerung an jene Gegend im Süden, ein Stückchen Erbe, das mir zuteil wurde, als die Beerdigung vollzogen und das Testament vorgelesen wurde. Deshalb ist es mir wichtig, diese Stelle unter der Decke zu finden, als fürchtete ich mich davor, daß die Nagetiere meine bescheidene Ware erwischen könnten.

Nora Iuga
Fasanenstraße 23. Ein Sommer in Berlin

Ein schönes Haus, eine Buchhandlung, ein Restaurant mit Terrasse und Garten, von diskreter Intimität. Wenn man das Grundstück betritt, führt einen der Hauptweg, rechts von zwei Vitrinen mit Büchern begrenzt, auf die massive Eingangstür des Literaturhauses Berlin zu. Parallel zu diesem Weg verläuft ein schmaler Pfad mit Kieselsteinen und dazwischen stehen ein paar dünne Bäumchen. Ich kann mich nicht mehr erinnern, ob es sich um Rosen handelt, junge Apfelbäumchen oder etwas anderes. Der Pfad führt in den Garten. Ich nehme immer diesen Weg. Dabei fühle ich mich freier, natürlicher, anonymer. Jedesmal kratzt mir ein rebellischer Zweig über die Stirn.

Um 15 Uhr hält das Auto, das mich vom Bahnhof abgeholt hat, und in dem selbstverständlich Pipi, Ingrid, ihre Mutter und Gerhard sitzen, in der Fasanenstraße vor dem Haus Nr. 23. Ich nehme die Hinterhaustreppe, die mit grünem Linoleum versehen ist. Am zweiten Stock, das Gebäude verfügt über dem Untergeschoß über ein Hochparterre, gibt es eine schlichte weiße Tür, auf der Literaturhaus Berlin steht. Ein Herr mit strenger Miene und wie einstudiertem Lächeln empfängt mich sehr höflich. Herr Herbert Wiesner, der Leiter dieser Kultureinrichtung. Dann taucht auch Herr Ernest Wichner auf, den ich schon das eine oder andere Mal in Bukarest oder Berlin getroffen hatte. Obwohl er mich im November letzten Jahres zu sich nach Hause in die Niedstraße eingeladen hatte, damit ich seine Familie kennenlerne, hatte sich der merkwürdige Eindruck bei mir festgesetzt, wir hätten nie mehr als zwei drei zuvorkommende Sätze gewechselt. Wir reichen uns die Hand. Die Entschiedenheit, mit der er diese Geste vollführt, wirkt vertrauenerweckend. Sein Gesicht drückt weder Strenge noch Sympathie aus. Es ist neutral und ausdruckslos wie ein Tischtuch, auf dem sich ganz langsam ein Rotweinfleck auszubreiten beginnt. Man überreicht mir die Apartmentschlüssel und sagt, ich würde im vierten Stock wohnen. Ich denke an den Leidensweg in Bukarest, wenn der Fahrstuhl eine Panne hat. Innerlich spreche ich mir Mut zu. Laß nur, du schaffst es schon, sage ich mir.

[…] Seit ich hier bin, übersetze ich nachmittags Eginald Schlattners Roman *Der geköpfte Hahn*, und nachts lese ich. Ich lese kreuz und quer, wie in der Jugend. Ernest Wichner hat mir ein Buch gegeben, das sie im Literaturhaus Berlin verlegt haben: *Steinbruch am Bug* von Isak Weißglas, dem Vater des Czernowitzer

Dichters Immanuel Weißglas, der mit Paul Celan befreundet war. Es ist der Bericht einer Deportation nach Transnistrien. Pipi hat mir versprochen, mit mir ins Lager Sachsenhausen zu fahren. Ich bade in Leid und Revolte. Einer Minderheit anzugehören, kann manchmal den Gipfel des Schmerzes erreichen. Was bedeutet es, Jude zu sein? Was bedeutet es, ein Paria zu sein, gemieden zu werden, ausgeschlossen, dahin zu gelangen, daß man an sich selber riecht, um ein Argument dafür zu finden, daß man sich selbst ablehnt. Wenn mir einfällt, daß ich Rumänin bin, spüre ich, daß ich diesen Zustand verstehe. Übertreibe ich etwa? Trotzdem, diese Menschen, der Widerstand am Rande des Abgrunds. Die Kraft, einen Tag vor der Vergasung noch nach einer Lösung zu suchen. Vielleicht erklärt dies die Wendung Ecce Homo am allerbesten. Sterben mit herbeigezwungener Hoffnung. Und die anderen, die Passiven, die Abwesenden, sie zucken mit den Schultern, sagen, sie hätten nichts gewußt. Eine Schriftstellerin, die ich 1981 auf einem internationalen Colloquium in Ostberlin getroffen habe, sagte mir, sie habe eine Freundin gehabt, Judith, sie wohnten im gleichen Stockwerk, Tür an Tür. Plötzlich war Judith verschwunden. Das bequeme Bewußtsein fand sofort eine Erklärung dafür: sie ist umgezogen. Und es hat sie nicht interessiert, ob es vielleicht noch eine andere Erklärung dafür gibt. Sie wußte nichts. Ich trete auf der Stelle und das Denken tritt ebenso auf der Stelle. Ein Eisenbahnwaggon, ein verriegelter Viehwaggon fährt durch die Steppen der Ukraine.
Wohin?

Er fragt mich, ob ich Jüdin sei. Nein, antworte ich erleichtert. Ich schäme mich, denn er könnte meinen, ich lüge. Warum habe ich den Eindruck, er schaue durch den Ärmel der Bluse nach der Tätowierung?
Warum trichtert man uns mit aller Gewalt die Behauptung ein, Antonescu sei ein Heiliger gewesen. Warum haben allein die Ungarn unsere Juden dort in Nordsiebenbürgen umgebracht. Und in Transnistrien? Warum waren es immer die anderen? Und wir immerzu sanftmütig, mitleidig, tolerant. Besser als alle anderen …

[…] Ich wohne also im Literaturhaus Berlin in der Fasanenstraße, mitten in Berlin. Ich habe ein Stipendium für zwei Monate seitens der Stiftung Preußische Seehandlung. Als ich das Zimmer betrat, das nun sechzig Tage lang mein privates Leben behüten sollte, sprang mich eine gewisse Kühle an. Ich hatte den Eindruck, ein Büro zu betreten, in das man ein Bett gestellt hatte. Schwarze Möbel mit Metallrahmen, eine Menge Apparate, Kabel, die sich an den Wänden entlang zogen, Stecker. Alles glänzte unberührt. Kein Staubkorn. Eine Mansarde mit Oberlichtern. Jeden Morgen erhebe ich mich auf die Zehenspitzen, um zu sehen, ob der Asphalt regennaß ist, denn der Himmel, soviel man von ihm sieht, ist immerzu bewölkt. Seltsam, daß von all den vielen Menschen, die sich schon in diesem Zimmer aufgehalten haben mochten, niemand auch nur eine Vibration zurückgelassen hat, keine Spur eines lebenden Wesens, keine persönliche Note ist zu merken. Allein die Schreibmaschine. Nur sie, ihre Tasten, die schon von so vielen Fingern bearbeitet worden sind, die Typenhebel, die so manch eine Gedankenbewegung angetrieben hatte, das Papier, das wie eine in Einsamkeit erstorbene Liebe über die Walze rollt. Sie gehört zu mir, ihr vertraue ich meine Gedanken an, meine verborgene, vielleicht meine schönste Seite.

[...] Mich überraschen die Szenen, die ich in Bukarest niemals sehen könnte. Vor dem »Biersalon« auf dem Kudamm, an einem der Tische unter den Sonnenschirmen, die sich auf dem Trottoir beinahe gegenseitig in die Quere geraten, sitzt ein kahler Mann, dessen Bauch kaum noch von seinem T-Shirt umfangen wird, er schlüpft mit dem nackten Fuß aus der Sandale und streichelt das rötlich-seidige Fell des Setters, der vor ihm liegt. Der erste Eindruck ist abstoßend, dann aber erscheint mir die Szene unsagbar poetisch. Bei uns in Rumänien sind die Leute vulgär, wenn sie entspannt sein wollen.

[...] Im Vortragssaal des Literaturhauses. Großes Gedränge. Kaum ein freier Platz. Am Eingang, eine junge Frau – beim ersten Hinsehen hatte ich den Eindruck, es sei ein Mädchen –, sie fragt mich, ob ich eintreten will. Ich erkenne sie nicht, sie erkennt mich nicht. Danach erfahre ich, daß es Nicole ist, die mich an dem Abend in der Niedstraße so beeindruckt hatte. Wie schnell man doch Menschen vergißt, wie schnell man ihr Gesicht vergißt.
Bevor die eigentliche Lesung beginnt, spricht Kunert davon, daß man in der Poesie der Vorwendezeit im Osten Deutschlands auf die klassischen Mythen zurückgreifen mußte. Die Zensur zwang den Dichter dazu, sich einfallsreich zu verhalten, Masken anzulegen, um sagen zu können, was zu sagen war. Dies führte zu einer feineren Formsprache – das ästhetisch Artifizielle, der Prä-Text ist mitunter in der Kunst zu begrüßen. Die Freiheit zwingt einen nicht zu solchen Leistungen. Sie ist brutal und nicht selektiv. Es war klar, er bedauerte die Existenz der Zensur nicht, aber er hob eine bekannte Tatsache hervor: erst die Notwendigkeit schafft Erfindungen. Wir kannten dieses Postulat. Kunert kam aus dem Osten.
[...] Ich bin aufgeregt. Immerzu bin ich aufgeregt. Am ersten Tag schon, als ich

eben angekommen war, hat Herr Wiesner mich zu einem Rundtischgespräch mit Übersetzern und Verlegern eingeladen, bei dem es um den Literaturtransfer zwischen Europa und Amerika ging. Der Schwerpunkt lag auf der Übersetzung deutscher Literatur in andere Sprachen. Also sehe ich mich mit einem Mal ins Wasser geworfen; acht Konkurrenten, bewaffnet mit Katalogen und Akten, bestimmen den Kurswert der Übersetzungen aus dem Deutschen ins: Englische, Amerikanische, Niederländische, Italienische, Französische, Spanische, Polnische, Ungarische und eben auch Rumänische. Ihre CVs sind unendlich viel umfangreicher: unzählige Kongresse, Reisen durch alle Länder der Welt, sie sind Verleger, Zeitschriftenherausgeber, Leiter von Stiftungen, sie sind in ständigem Kontakt mit dem internationalen Buchmarkt, mit den Messen, Ausstellungen und den modernsten elektronischen Mitteln zur Rezeption und Verbreitung der Literatur. Und ich, was weiß ich? Ich kenne meine Übersetzungen und ein paar weitere Übersetzungen aus dem Deutschen, die mir zufällig in die Hände gerieten. Ich denke nicht an mein persönliches Ungenügen, sondern daran, daß ich Rumänien vertrete. Aber ich beruhige mich bald, denn es werden keine großartigen Dinge gesagt. Alle beten sie jenes Gedenkblatt für die großen heiligen Monster ab; immerzu Thomas Mann, immerzu Musil, immerzu Hesse, Thomas Bernhard, Günter Grass. Ab und zu Süßkind oder Elfriede Jelinek, welch Letztere eher mit Vorbehalten betrachtet werden. Es werden auch ein paar Namen jüngerer deutscher Schriftsteller genannt, die bei uns nicht bekannt sind. Ich erkläre, daß man bei uns in Rumänien eine Zeit lang sehr viel aus den Kulturen übersetzt hat, die die Weltliteratur revolutioniert haben. Dabei beziehe ich mich auf den Nouveau Roman aus Frankreich und auf die Literatur aus Lateinamerika. In meiner Naivität sage ich, ich hätte nicht den Eindruck gehabt, daß sich in der deutschen Literatur spektakuläre Veränderungen ereignet hätten, die andere Literaturen hätten anregen können. Schnitzer dieser Art sind meine Spezialität. Nun wird eine Bilanz der aus dem Deutschen in andere Sprachen übersetzten Bücher gezogen. Ich schöpfe Mut. Sage selbstsicher, es wären zwischen 25 und 30 Übersetzungen im Jahr. Nun erwarte ich Beifall. Polen überbietet: 70 bis 80 Titel. Also ist Rumänien nicht auf der Höhe der Zeit. Wieder einmal, zum wievielten Mal, muß ich feststellen, daß die Polen und die Ungarn einen beeindruckenden Vorsprung vor uns haben.

Gut, daß es vorbei ist! Abends, nach Beendigung der Gespräche, trinke ich ein Glas Rotwein mit Ingrid und Gerhard im Restaurant im Erdgeschoß des Hauses. Der Wein tut gut, er spült mir das Unbehagen aus der Seele.

Ein andermal sagt er mir an der gleichen Stelle: Hast du begriffen, daß all dies dir jetzt gehört, das Haus und der Garten und die Laternen und die Bäume, die das Licht filtern, und das Rauschen des Wassers, das den Rasen nährt, und die Wege mit den Kieselsteinen und das schmiedeeiserne Tor, alles. Ich betrachte ihn mit großen Augen und gebe mich seinem Wortschwall hin, wie die Partisanin in dem Film *Der 41.*, die von dem zaristischen Offizier bezaubert ist.

Nach Einbruch der Dunkelheit gehe ich weg. Ich wende mich in Richtung Zoo, komme zum Erotikmuseum. Ich möchte schöne Frauen sehen, vor allem anrüchige, denn hier sind die Frauen dick oder sie sehen wie Männer aus. Eigentlich möchte ich Huren sehen. Doch vorerst nichts. Ich bleibe stehen, warte, schaue nach rechts, nach links, gehe noch ein paar Schritte bis zum S-Bahnhof. Endlich, am Eingang steht eine, die wartet wie ich, sie schaut nach rechts, nach links. Sie ist groß und sehr schmal, auf den bis über die Waden hochgekrempelten Hosen zeichnen sich die nervösen Wölbungen der Muskeln ab. Sie hat ein schönes, nicht sehr herausforderndes Gesicht, nicht wie jene, die ich eines Abends gesehen habe, als ich mit Ernest Wichner am Savigny-Platz war. Ich habe sie auch jetzt noch vor Augen, eine Blonde mit sehr großen Brüsten, die aufdringlich aus ihrem Dekollete hervorquollen, sie hatte etwas Russisches an sich, und die andere, die ihre braunen Schenkel bis hinauf zum schmalen Höschen ausstellte. Ein Araber kommt, sie spricht etwas mit ihm. Ich schäme mich, näher heranzutreten. Ich gehe zur S-Bahn, laufe dort ein bißchen herum und trete da wieder hinaus, wo ich hereingekommen war. Nun spricht sie mit einem sehr mageren Mann in Schwarz mit einem Haarschopf, der ihm über die Augen fällt. Ich gehe, komme aber nach wenigen Minuten wieder zurück. Nun redet sie mit einem Pockennarbigen, dessen Arme tätowiert sind. Es langweilt mich. Ich überquere den Platz und gelange vor den Eingang zum Zoo. Dort sehe ich eine Gruppe Männer. Ein älterer, kümmerlich aussehender Mann sitzt umgeben von etwa zehn Bierdosen und einem Haufen Zeitungen auf der Bordsteinkante. Drei jüngere, athletische Männer stehen um ihn herum, und einer von ihnen sagt: *Wenn du's morgen nicht bringst, dann...*, das Weitere verstehe ich nicht, denn sie sprechen Berlinerisch; wieder nichts Interessantes. Was mich aber zu fesseln beginnt, ist mein eigener Zustand. Ich streife dort herum, und meine Erwartungen werden immer fiebriger. Als suchte ich etwas Bestimmtes. Ich spüre, daß ich darauf warte, es möge etwas geschehen, und gleichzeitig fürchte ich, umsonst zu warten; genau wie sie, wenn sie auf ihre Kundschaft warten. Plötzlich höre ich hinter mir einen Pfiff wie in amerikanischen Filmen, und als ich mich umsehe, ein Schwarzer. Er gibt mir Zeichen mit der Hand. Ich sehe zu, daß ich wegkomme. Es wird Zeit, nach Hause zu gehen. Doch

kaum bin ich fünfzig Schritte gegangen, steht ein etwa siebzigjähriger Mann mit Spazierstock vor mir und sagt schier jammervoll: *Ich bin auch allein...*, im Gehen antworte ich ihm: *Das ist Ihre Sache.* Ich überquere die Straße an der Ecke zum Kudamm. Vor Wertheim kommt ein altersloser Mann mit gelben, länglich-ovalen Augen auf mich zu. Er sagt: *Gehen wir nicht...?* Ich bin verblüfft, verstehe das Ende des Satzes nicht. Er fährt fort: *Ich glaube, wir haben uns schon mal gesehen.* Ich antworte: *Ich bin sicher, wir haben uns noch nie gesehen.* Nun beschleunige ich die Schritte. Mein Herz rast vor Angst, aber auch, ich gestehe, vor einer heimlichen, unerklärlichen Freude. Das Abenteuer. Immer hatte ich mir gewünscht, nein, eigentlich, nein, es war bloß ein aus dem Unterbewußten heraufgekommener Impuls, wenigstens eine Nacht lang in einer fremden Stadt die Frau auf der Straße zu sein. Und wieder höre ich Schritte, die mir folgen. *Darf ich Ihnen etwas anbieten? Nein, danke!* Endlich bin ich allein, läßt man mich in Ruhe. *Nevermore.*
Ich komme an dem jungen Straßenmusikanten vorbei, der herzzerreißend sentimental auf der Geige Offenbachs Barkarole spielt. Dann biege ich um die Ecke Fasanenstraße und bin zu Hause.

Es gibt Orte, an denen bleibt man stehen und vergißt sie nie wieder. Als versprächen sie einem, daß man sie wiedersehen werde. Sie sind einem organisch nahe, und vielleicht gäbe es sie gar nicht, hätte man sie nicht selbst dorthin plaziert. Kleinigkeiten. Gesten. Die Lippenstiftspur an einer Kaffeetasse. Ein viereckiges Stück Pappe, auf dem *Engelhardt-Pilsener. Ein schöner Schluck Berlin* steht, ein italienischer Schlager aus den siebziger Jahren, der jeden Abend zur gleichen Zeit durchs geöffnete Fenster hereinweht. Ein Friseursalon, ein Boot, ein verbrauchter Fahrschein.
Die Physiognomie einer Stadt, die man sich angeeignet, sich entworfen hat. Die man in sich trägt. Dort wächst sie weiter, und du weißt, wenn sie allen Platz verbraucht hat, mußt du sie wieder dorthin zurück tun, von wo du sie weggenommen hattest.

Ich spaziere mit Catrinel durch die Fasanenstraße, vom Literaturhaus in die dem Kurfürstendamm entgegengesetzte Richtung. Schöne stille Häuser, Häuser, in denen selbst der Schmerz sich lautlos vollzieht. Wir setzen uns an den Tisch eines Straßencafés, das allein durch unsere Anwesenheit etwas Eigenes anzunehmen beginnt. Catrinel ist schön an diesem Vormittag Ende Juli. Sie trägt ein Kleid aus einem dichten und weichen erdfarbenen Stoff. Und sie hat so eine Art, die Dinge in ihre komische Seite zu wenden. Was einem Kraft gibt. Wir sprechen über Rumänien. Sie zieht einen kleinen Politiker aus der Tasche, aus der anderen Tasche holt sie den nächsten kleinen Politiker hervor und aus der Handtasche wieder einen – und alle sind sie dermaßen lächerlich, dermaßen wichtig in ihren kurzen Hosen ... wir lachen und lachen. Zahlen. Wir spüren die warme Haut der Straßen, ihre Aufforderung, uns ihrer Vertrautheit hinzugeben. Wir gehen und gehen. Kokette Villen, Gärten. Und Catrinel will unbedingt zur Güntzelstraße. Wir fragen etwa drei Passanten. Der eine sagt uns, nach rechts, der andere, nach links und der dritte geradeaus. Catrinel will unbedingt zur Güntzelstraße. Schließlich sind wir dort. Eine Straße wie jede andere auch. An der Ecke ein Café. Catrinel bleibt einen Augenblick lang stehen. Über ihre Stirne zieht eine kleine weiße Wolke, beinahe ein Jugendstreich. Wollen wir weitergehen, frage ich. Nein.

Ich gehe hinunter, um mir das letzte Geld für August abzuholen. Das Stipendium ist bald zuende. Ich betrete die beiden Büroräume unterhalb der Etage, auf der ich wohne. Beide Räume sind so ähnlich möbliert wie mein Zimmer. Nun sind sie leer. Herr Wiesner und Herr Wichner sind beide in Urlaub. Die Büros scheinen etwas von ihrer Anwesenheit zu bewahren, selbst die Stuhlpolsterung ist leicht eingedrückt, als hätten sie sich eben erst erhoben. Hier schwebt noch die Unordnung eines Arbeitstages, ein Hauch von Intimität und das grüne irreale Licht, das durch die Fenster hereinstrahlt. Ich frage Frau Golze, seit wann es das Literaturhaus gibt. Seit 1986, sagt sie.
Ich weiß nicht, ob das viel oder wenig Zeit ist. Herr Wichner ist erst zwei Jahre später hierher gekommen. Ich muß lachen. Vielleicht ist er hier gelandet, um zwölf Jahre später meine Gedichte zu übersetzen. Was habe ich 1986 getan? Ich bin zur Paßbehörde in der Iorga-Straße gegangen, um die dort zu erweichen, damit sie mir eine Reise von einer Woche nach Österreich genehmigen; man hatte mich eingeladen. Aber ich habe sie nicht erweichen können. Wie glücklich bin ich jetzt und wie gut, daß es eine Fasanenstraße 23 gibt und ein Literaturhaus Berlin.

Den Abend verbringe ich mit Herta, Oskar, Christa Müller und Dietger Pforte im Toto, einem italienischen Restaurant in der Nähe der Kantstraße. Ein angenehmer Abend, an dem über Toleranz gesprochen wird, über das Alter, über die subjektive Wahrnehmung und die Relativität von Zeit, über die Liebe. Ich liebe es, mir die Zigaretten mit deutschen Streichhölzern anzuzünden. Sie sind lustig und immer zu Diensten. Prompt und freundschaftlich.

Ich denke an Herta. Sie verfolgt mich. Ich höre sie sprechen. Egal, was sie sagt, man spürt sie physisch in den Wörtern mitvibrieren. Sie ist ganz im Wort, mit Kraft und Leidenschaft. Selten habe ich einen Schriftsteller getroffen, der so sehr dem gleicht, was er schreibt. Wie sie einen in ihren Texten nie enttäuscht, enttäuscht sie einen auch im Leben nicht, glaube ich. Sie erzählt Geschichten, man sieht die Situation vor sich, die Menschen; und lehnt sie ab oder akzeptiert sie, je nachdem, welches Gefühl sie einem vermittelt. Sie hat etwas Ansteckendes. Soll ich es moralische Kraft nennen? Ist es bloß das? Rumänisch spricht sie mit typisch Banater Akzent. Sie ruft Erinnerungen in mir wach, die ich vergessen hatte. Sie erwähnt Rolf und läßt ihn einen Augenblick lang unter uns anwesend sein, sagt, daß sie erst nach seinem Tod, als sie seine Bücher noch einmal gelesen habe, gemerkt habe, wie gut er geschrieben hat. Bosserts Tod scheint eine abgeschlossene Sache zu sein, der Selbstmord war vorhersehbar, seine Nerven waren angespannt bis zum Äußersten, und die Fixierung auf das Verfolgtsein hatte lähmend gewirkt. Bloß sie hat noch diesen unberührten Zweifel, der auch in uns festsaß, damals 1985. Alle haben wir vergessen, sie nicht. »Wie viele Stürze aus dem Fenster sind unaufgeklärt geblieben?« Wenn ich ihre Bücher übersetze, spüre ich darin ein großes Leiden und menschliches Mitgefühl, aber auch einen Gerechtigkeitssinn, der mich beunruhigt. Sie vergißt ihre Wunden nie. Ihr Schmerz ist das Äußerste an Schmerz. Ob sie verzeihen kann? Sie hat Augen, deren Blick man nicht lange erträgt. Augen, die einen bis auf die Knochen entblößen, die auf der Haut brennen und einen dazu bringen, sich selbst aller nur möglichen Fehler zu verdächtigen. Man ist schier bereit, welche zu erfinden, in den eigenen krummen Gedankengängen herumzustochern, bis man einer Schuld gewärtig wird, die einem nicht bewußt war. Herta reinigt.

Es ist null Uhr dreißig. Ich nehme den Schlüssel und schließe mein Tor auf, das Gartentor zum Literaturhaus natürlich. Die Pforte, ich lächele, *eine Pforte ist ein Versprechen.*

Bora Ćosić

Straßenunruhen

Es fiel die Schaubühne
dann das Haus in der Fasanenstraße
der Buchladen ist auf den Beinen
das Restaurant
der Saal mit dem Kamin
dort ein Dichter vertrieben aus Persien
die kleine deutsche Dichterin
durch Irrtum in Rumänien geboren
und der Serbe aus Kroatien
sie entfalten einen Aufruf
groß wie ein Taschentuch
die Bürger gewöhnt an Schlimmeres
sind trotzdem beunruhigt
die Japaner
und ein Mädchen mit sündigen Augen
aus Korea
halten im Café Einstein
die Pressekonferenz ab
man weiß nicht
ob auch Schauspieler involviert sind
der Stab befindet sich im Norden
am Majakowskiring
ein Kubaner
eine Russin grundlos fröhlich
und eine Schwede
über eine Mappe gebeugt
die Nachrichten sind schlecht
niemand liest Marx wie schon früher nicht
das wird nun auf Musil übertragen
vielleicht wird die Verteidigung der Stadt
nachmittags aufgegeben

im Juni wird wahrscheinlich
jeder Widerstand aufhören
dem Kind von zweieinhalb Jahren
ist sowieso egal wer die Stadt hält
wie auch dem Mädchen
schon in Heilung begriffen

Herta Müller
Collage

Latifa Baqa
Tagebuch

Agadir, Dienstag, 5. Oktober 2004
Das Flugzeug nach Casablanca würde sich verspäten, vermutete mein Mann, Sa'îd, als er mich mit dem Wagen zum Flughafen brachte.
Ich fühle mich, als würde mich irgendjemand aus meinem Ort herausreißen. Zuhause lasse ich meine beiden kleinen Kinder bei einer Verwandten zurück. Fünfundzwanzig Tage würde ich fern von ihnen sein. »Wir sind in dieser ganzen Zeit zum ersten Mal voneinander getrennt«, sagte Sa'îd, bevor er sich von mir verabschiedete. Bis jetzt habe ich nicht geweint.
Bis heute bin ich nicht zum »Nachdenken« über Deutschland gekommen. Alles, was mir jetzt in den Sinn kommt, ist das Bild von Claudia, meiner deutschen Freundin und Nachbarin, die die Stadt Târûdânt im Süden Marokkos so liebte und einen völlig sinnlosen Tod gestorben ist: Bevor sie an jenem Abend zu uns kommen konnte, wurde ihr Kopf zerrissen, als sie an einen dicken elektrischen Draht stieß, den die Arbeiter »vergessen« hatten, mit Steinen und Staub abzudecken!
Claudia liebte Tiere und das Leben auf dem Bauernhof. Sie liebte auch das mit Fisch und Käse gefüllte Fladenbrot, das ich ihr eines Abends zubereitet hatte. Ich erinnere mich an den Tag, an dem sie mir gestand, daß unsere Liebenswürdigkeit ihr zu Beginn Furcht eingeflößt hatte. »Ihr seid meine besten Freunde in Marokko«, sagte sie immer. Als ich sie zum letzten Mal sah, wirkte sie unbeschwert und fröhlich, und der rosafarbene Lippenstift auf ihrem Mund versetzte mich in Erstaunen.
Dies ist Deutschland ... bis jetzt.

Berlin, Samstag, 9. Oktober 2004
Vor zwei Stunden bin ich angekommen.
Ich hebe meinen Kopf zur Zimmerdecke. Ich stehe im Licht, das durch die Fenster hereinsickert, und schaue auf die weißen Wände. Ich stelle fest, daß ich an einem anderen Ort bin. In einer anderen Welt. Weit weg von Schâdi, Ghassân und Sa'îd. Auf dem Weg vom Flughafen machte sich der Herbst auf den Straßen von Berlin breit. Mich überkam eine tiefe Freude, wie ich sie in Frankfurt, dieser gesichtslosen Stadt und meiner ersten Station in diesem Land, nicht empfunden

hatte. Meine nette Begleiterin Katherine erzählte mir, daß die Einwohner Berlins nicht genug Geld haben, um die Stadt von den Blättern der Bäume reinigen zu lassen, die auf die Bordsteine der Alleen fallen. »Besser so«, hörte ich mich sagen.

Ich liege im Bett. Mein müder Körper taucht vollkommen in den Decken unter. Wärme, Weiß, Stille. Ich nicke für zwei Stunden ein.

Ich habe Sa'îd angerufen und ihm erzählt, daß es auch eine andere Möglichkeit gibt zu existieren, die in keiner Weise den uns bekannten Möglichkeiten ähnelt.

Die Aufsichtsperson, die samstags und sonntags im Literaturhaus ist, stammt aus dem Irak. Ihr östlicher Akzent hat mir gefallen. Sie ging mit mir ins Zimmer hinauf und gab mir einige Informationen. Dann verließ sie mich in Begleitung von Katherine.

Bald werde ich hinausgehen, um mir die Stadt anzusehen und um mir etwas zu essen zu kaufen. (Was wird Sa'îd den Kindern heute Abend zu essen geben?) Ich befinde mich auf einem anderen Kontinent, tausende von Kilometern entfernt von daheim. Gestern habe ich am Telefon mit Schâdi gesprochen (er ist jetzt fünf Jahre und zehn Monate alt). Er erzählte mir, daß er einen Bonuspunkt im Turnen erhalten hat und daß Ghassân (er ist anderthalb) weinte, als er den Autos vor unserem Haus zuwinkte. Diesmal habe auch ich geweint.

Am selben Tag, vier Uhr nachmittags

Ich habe mir Tomaten mit Eiern gekocht, dasselbe uralte Gericht, das wir uns immer zubereiteten, als wir Studentinnen im Universitätsviertel von Rabat waren. Die Luft draußen ist klar, es ist angenehm kühl, und die Sonne ist klein und sanft. Die Menschen hier sind freundlich, aber sehr gleichgültig. Keiner schaut den anderen an, jeder ist mit sich selbst beschäftigt. Man gewinnt den Eindruck, als gäbe es eine strenge, fast mechanische Ordnung, der sich jeder unterwirft (die Mülltrennung, die Verkehrszeichen …). Keiner traut sich, dieses System zu stürzen, das das Leben in der Stadt in eine Diktatur verwandelt.

Es gibt keinen Luxus, nur das Unerlässliche zum Leben. Ich glaube, dies ist das persönliche Geheimnis der Deutschen. Mein Vater, Gott sei ihm gnädig, sagte immer dann, wenn er Willenskraft zum Ausdruck bringen wollte: »Er kommt aus Deutschland.«

Das Zimmer, in dem ich jetzt liege, hat zwei unterschiedlich große Fenster, aber keine Holz- oder Plastikläden, um, wenn nötig, das Licht abzuhalten. Wenn ich schlafen will, muß ich warten, bis es dunkel ist, und bei Anbruch des Morgens ergießt sich das einströmende Licht auf mich. Du mußt raus aus den Laken! Hier ist kein Platz für Faulheit. Eigentlich sollte der Anspruch auf Faulheit zu den Menschenrechten gehören. Doch leider wurden die Menschenrechte festgelegt,

ohne daß die internationalen Abkommen dies anerkennen wollten. Mein Ehemann Sa'îd jedenfalls, der anarchistische Dichter, übt dieses Recht bestens aus: Er betrachtet die Faulheit als uralte Philosophie der Existenz der Dinge, die ihn dazu bringt, sie mit Todesverachtung und Lebenskraft zu verteidigen.
Mein mittelmäßiges Französisch werde ich in einem Winkel meines Kopfes verwahren, bis ich nach Marokko zurückkehre, da man hier fast niemanden findet, der die Sprache Molières spricht. Mein lächerliches Englisch hingegen hat in dieser Stadt die unvergleichliche Gelegenheit, zur häufigen Anwendung zu kommen. Mein Deutsch wiederum ist praktisch inexistent.
Ich beobachte unablässig, wie sie diese Sprache sprechen, und stelle mir vor, daß sie Buchstaben mit scharfen Kanten im Mund haben: Dreiecke, Vierecke, Sechsecke. Es gibt keine weichen Wörter. Ich empfinde diese Sprache als hart (vielleicht weil sie mir entschlüpft). Sie kommt aus einer Gegend irgendwo in der Nähe des Kehlkopfs. Ich treffe auf Buchstaben, die nur schwer zu verbinden sind und ihre Sprecher zu ersticken drohen. Diese kalte, strenge Sprache war die Wohnstatt von Männern mit außergewöhnlichen Phantasien, die nicht nur die Geschichte Deutschlands bestimmten, sondern sich an der Geschichte der gesamten Menschheit beteiligten.
Von der öffentlichen Bühne freilich ist die Sprache nicht abgetreten, hier harmoniert alles: Ordnung, Kälte, Weiß und Sauberkeit. Man meistert sein Leben mit Sorgfalt und regelt es gut. Es gibt keinerlei Gelegenheit, Fehler zu begehen.
Ich lächle in mich hinein, immerhin komme ich vom Kontinent der Fehler.
Der gravierende Unterschied besteht darin, daß das Recht, Fehler zu begehen, gerade denjenigen garantiert ist, die eben jene Härte suggerieren. Weil der »Fehler« nicht die Freiheit der anderen antastet. Bei uns nimmt die Angelegenheit leider eine entgegengesetzte Form an. Die historischen Fehler, die an uns begangen wurden und werden, sind unschätzbar, unzählbar. Im Gegenzug besitzen wir jedoch nicht das Recht, Fehler zu begehen. Über uns herrschen irdische und andere, göttliche Gesetze. Doch in ihnen summieren sich all die sichtbaren und unsichtbaren Anstrengungen und hindern uns daran, das Leuchten der Freiheit zu erlangen – eben das, was uns das Begehen von Fehlern erlauben würde. Wie einfach die Menschenrechte doch sind ...
Abends
Sa'îd hat mir erzählt, daß alles nach Wunsch verläuft: Die Kinder haben gebadet. Schâdi hat seine Hausaufgaben gemacht. Ghassân hat sein Fläschchen leer getrunken. Ich stelle den Fernseher leise und greife nach den Memoiren Edward Saids *Am falschen Ort*.

[...]
Berlin, Dienstag, 12. Oktober 2004
Ich habe ein heißes Bad genommen und mich ins Bett gelegt. Hier habe ich nicht nur die Gelegenheit, die Deutschen kennen zu lernen, sondern auch meinen Rücken zu entlasten. Dessen Schicksal ist es nämlich, die Verantwortungen zu tragen, die nach und nach über meinem Kopf zusammenzustürzen begannen, seit mir bewußt wurde, daß ich ein Geschöpf mit Brüsten und Gebärmutter bin.

Abends
Berlin ist eine Nachtstadt. Ich habe mich nochmals verirrt, wie immer mit Absicht. In einer der Straßen bin ich auf einen Träger von schwarzen Lederstiefeln mit weißen Schnürsenkeln gestoßen und machte kehrt (so schnell ich konnte!). Als der Bus mich ausspuckte, hörte ich junge Stimmen, dann einen Schrei und Gerenne. Ein paar junge Männer alberten herum, östliches Arabisch drang an mein Ohr. Als ich an ihnen vorbeiging, hörte ich, wie einer mich in seinem Dialekt ansprach: »Wie geht's, geht's gut?« Ich lächelte ihm zu und grüßte zurück. Dann setzte ich meinen Weg fort, auf irgendwie einfältige Art und Weise glücklich.
Ich erinnerte mich an das »Lächeln« der jungen verschleierten Marokkanerin, die ich an dem Tag, als ich in Deutschland ankam, zufällig am Frankfurter Bahnhof kennen lernte. Das Lächeln hinderte sie daran, pünktlich in ihren Unterricht am Institut für Zahnmedizin zu gelangen, weil wir zusammen frühstücken gingen. Sie sagte, sie verspäte sich zum ersten Mal für den Unterricht. Dies würde ihr aber nicht allzu viele Unannehmlichkeiten bereiten. Später erzählte sie mir davon, wie sie im vergangenen Jahr einen Prozeß gegen den Direktor des Instituts gewonnen habe, der ihr verboten hatte, am Unterricht teilzunehmen ... wegen ihres Schleiers. Sie erzählte mir auch von ihrer Familie, die Marokko vor zwanzig Jahren verlassen hatte. Bevor wir uns voneinander verabschiedeten, vergaß sie nicht, mir lächelnd das Versprechen abzunehmen, sie und ihre Familie einmal in ihrem Haus außerhalb von Frankfurt zu besuchen, und gab mir ihre Telefonnummer und ihre Adresse. Sie erinnerte mich daran, daß der Ramadan näher rücke, und versicherte mir, daß die Ramadansuppe ihrer Mutter nicht zu übertreffen sei. Was für eine menschliche Zuwendung! Ganz sicher wird sie mir immer im Gedächtnis bleiben.
[...]

Dienstag, 19. Oktober 2004
Ein außergewöhnlicher Tag ...
Zusammen mit Doktor Hilmî habe ich die Gräber von Hegel und Brecht besucht.

Alles in allem verbrachten wir anderthalb Stunden damit, den Friedhof zu suchen, der verloren in einem Labyrinth von Nummern liegt, die die Chausseestraße einteilen. Auf unserem Irrweg betraten wir den falschen Friedhof. Wir verließen ihn wieder, um unsere Suche ein weiteres Mal aufzunehmen – bevor wir schließlich an den Ort gelangten, den wir tatsächlich suchten.

Doktor Hilmî erzählte mir, daß der Tod hier durchaus verbunden ist mit Ästhetizismus. Ich betrat natürlich zum ersten Mal in meinem Leben einen christlichen Friedhof und empfand eine Scheu, wie ich sie auf muslimischen Friedhöfen nicht empfinde, vermutlich weil »unser Tod« meistens eine Sache des Volkes ist, mit wenigen Ausnahmen vielleicht, wie den Gräbern von Königen, den Mausoleen der Heiligen und den Zâwîyâs.

Die Grabsteine sind notwendigerweise eine Verkündigung des Todes, stehen sie doch in der Tat hoch aufgerichtet da, um mit der Kälte des polierten Marmors von irgendeinem Leben zu künden. Dieses Leben wird von zwei Ziffern gekennzeichnet: der Ziffer, die auf die Geburt/den Anfang hinweist, und der Ziffer, die auf den Tod/das Ende hinweist, in ausgesprochen eleganter Schrift. Einige Grabsteine lagen auf dem Gesicht, und niemand hebt sie auf. Sie sind ja alle tot. Einige der Gräber sind außergewöhnlich. Statuen und Steinmetzarbeiten stehen auf ihnen. Aber ich weiß nicht, ob sie die stummen, unbeweglichen Menschen unter sich darstellen oder andere Menschen. »Der Tod ist die einzige Wirklichkeit im Leben.« Von wem stammt dieser Ausspruch? Ich kann mich nicht entsinnen.

Doktor Hilmî und ich befragten jeden Grabstein in der Nähe nach unserem alten Freund Hegel. Doch plötzlich und im Überschwang unserer Suche sollten wir einen anderen Freund finden, nach dem zu suchen wir noch gar nicht begonnen hatten. Dieser Freund war kein anderer als Herr Brecht. Das erste, was mir an seinem Grab auffiel, war die Tatsache, daß es nichts Überflüssiges aufwies. Sogar die Grabsteine auf seinem Grab und auf dem seiner Frau waren einfache Natursteine. Der eine stand senkrecht auf Brechts Grab, der andere waagerecht auf dem Grab seiner Frau.

Erst danach sollten wir Hegels Grab finden. Sein Grab ist weniger asketisch. Es sieht beinahe so aus wie die anderen Gräber drumherum.

Als ich diesen Ort verließ, mußte ich über den wunderlichen Mann namens Brecht nachdenken, der sogar im Tod seiner Philosophie des armen Theaters treu blieb. Auf seiner einfachen Grabstätte streckten ein paar hübsche Blumen ihre Köpfe empor, um lauthals und farbenfroh vom Leben zu künden, das dem Tod doch entrinnen kann.

[...]
Donnerstag, 21. Oktober 2004
[...] Abends: Es ist Viertel nach acht, und ich sitze im Veranstaltungssaal des Literaturhauses. Der Leiter des Hauses, Herr Wichner, eröffnet heute eine Lesung. Auf dem Programm steht auch ein Schriftsteller marokkanisch-jüdischer Herkunft, dessen Namen ich nicht kenne: Marcel Benabou. Er las einen hübschen Text vor, einen kleinen Ausschnitt aus seinem Buch *Jacob, Menachem und Mimoun* (der Text hatte einen Hauch von Borges'scher Ursprünglichkeit, die mich besonders bezauberte). Ich wartete das Ende der Lesung ab, um auf den Schriftsteller zuzugehen und ihn mit meinen Worten im marokkanischen Dialekt zu überraschen: »Kîf dêr, labâs 'alek?« – »Was machen Sie, wie geht es Ihnen?« Der Mann freute sich, und ich mich ebenso. Ich hatte das Gefühl, meine Muttersprache zu umarmen, während mein Kopf mit all der Freude, die unsere Blicke verbreiteten, auf meinen Schultern ruhte. Wir unterhielten uns, als seien wir Angehörige eines einzigen Landes, von dem ein wichtiger Teil nichts anderes als die Sprache ist. Wir verbrachten den Rest der Abendgesellschaft miteinander. Ich saß ihm beim Abendessen, zu dem uns Herr Wichner eingeladen hatte, gegenüber. Neben mir saß Jean-Claude Crespy, Leiter des Institut Français in Berlin: eine andere Sprache, die ich kenne und die einen Teil meiner Identität und Geschichte ausmacht. Irgendwann stellte ich fest, daß wir drei eine kleine Sprachgruppe bildeten, die vom Rest der Gäste isoliert war ... und daß ich dabei war, den Schriftsteller seinem Verleger und den deutschen Kulturschaffenden – die ihn bewunderten und gekommen waren, um ihn zu treffen – abspenstig zu machen ...
An diesem Abend lachte ich so viel, wie ich seit meiner Ankunft in Berlin nicht gelacht hatte. Der Schriftsteller war wirklich ein reizender Mensch. Er erzählte mir, daß er Marokko vor achtundvierzig Jahren verlassen habe, aber die Stadt seiner Kindheit, Meknès, nie habe vergessen können.
Ich war froh, daß ich ihm eine ins Deutsche übersetzte Fassung meines Textes geben konnte. Er war nämlich überzeugt davon, daß sein Arabisch zu schwach wäre und es ihm nicht vergönnt sein würde, den Text in seiner Ursprungsform zu lesen. [...]

Swapnamoy Chakraborti
Gebildete Hühner mit Abschluß

17. September 2006
Eintreffen in Berlin am Vorabend des 14. September. Für mich (als Inder) ist mit dem Namen Berlin ein ganz besonderes Ereignis verbunden. Dies ist die Stadt, in der Netaji Subhas Chandra Bose sich darum bemühte, Hitlers Unterstützung für unseren Freiheitskampf zu gewinnen. Dies ist dieselbe Stadt, in der Satyajit Rays Filmwerk zum ersten Mal Anerkennung und Ruhm zuteil wurde. Man könnte mit Fug und Recht behaupten, daß Berlin der Welt Satyajit Ray brachte.
Um von Filmen zu reden: Man konnte das zerstörte, verwüstete Berlin in einem Film mit dem Titel *Fall of Berlin* sehen. Und heute stehe ich vor einer großartigen, festlich erhellten, fröhlichen Stadt. Für mich ist das ein erhebendes Gefühl.
Der Flughafen in München ist groß und sehr geschäftig. Ich mußte umsteigen und hatte eine Stunde Zeit, bevor ich den Anschlußflug nach Berlin nehmen konnte. Trotz seiner Größe und Geschäftigkeit ist dieser Flughafen mehr oder weniger frei von Lärm und Chaos. Alles schien dort mit der Präzision eines Uhrwerks abzulaufen – glatt, diszipliniert, zielgerichtet. Ich hatte zwar nur eine Stunde Zeit, doch habe ich dort recht viel gesehen. Ein solcher kleiner Ausschnitt, sagt man, genügt, um eine Gemeinschaft einschätzen zu können. Dieselben Qualitäten haben diesem großen Land geholfen, vor nicht allzu langer Zeit in der Geschichte nach der völligen Zerstörung derartige Höhen zu erreichen. Mir war klar, daß der sprichwörtliche Zauberstab aus Liebe zum Vaterland bestand, einem nationalistischen Gefühl, das die Menschen antreibt.
Saskia holte mich bei meiner Ankunft in Berlin am Flughafen ab. Sie schlug vor, mit dem Bus bis zum Literaturhaus zu fahren. Daheim in Indien könnte man mit solchem Gepäck keinen Bus besteigen, ein Taxi wäre die einzige Möglichkeit der Fortbewegung. Hier in Berlin ist das anders; sie nehmen nicht nur Fahrgäste mit all ihrem Gepäck mit, das Ganze ist zudem noch sehr unkompliziert und bequem. Meine Heimstatt für die kommenden Tage sollte dieses altmodische Apartment mit einer Küche und einem Zimmer treppauf sein. Doch das war nicht alles. Dieses Haus hatte schon viele berühmte Denker und literarische Größen beherbergt. Welch ein Glück, daß ich mich auch im Journalismus betätige und mit anderen literarischen Formen beschäftige und deshalb in dieser nostalgiegetränkten Unterkunft gelandet bin.

Saskia zeigte mir alles, gab mir die Wohnungsschlüssel und ein paar Flaschen Wasser und schlug mir vor, mich eine Weile auszuruhen. Sie dachte wohl, ich würde nach der langen Reise unter Jetlag leiden. Das war allerdings nicht der Fall; ganz im Gegenteil: Ich hatte den Flug von Anfang an zutiefst genossen. Ich hatte zwar keinen Fensterplatz, konnte aber immer wieder mal einen Blick auf das Land unter uns erhaschen. Als wir Indien verließen, war die Landschaft grün, als wir Pakistan und schließlich Afghanistan überflogen, wurde es immer karger. Das Wetter war heiter und die Sicht ganz gut. Schon bald nach dem Dunst über Vorderasien erreichten wir erheblich grüneres europäisches Territorium.

Ich fragte mich, warum es wohl für Alexander so verlockend war, den ganzen Weg vom kargen Mazedonien durch die Wüste zurückzulegen, nur um nach Indien zu gelangen. Um sein Reich auszudehnen! Oder wie Nadir Shah auf der Suche nach Reichtümern die unüberwindlichen Berge passierte und unwirtliche Wüsten durchquerte, um unsere Küsten zu erreichen. Und um noch weiter in der Geschichte zurückzudenken: Was mag unsere Vorfahren – die Arier – um 5.000 v. Chr. dazu bewogen haben, nach Indien zu ziehen? Indiens grüne Landschaften, der fruchtbare Boden?

Zu meiner Linken saß ein junges Mädchen am Fenster. Wie mir erst später klar wurde, muß ich sie mit meinen Bemühungen, einen Blick auf das Land unter uns zu werfen, ziemlich gestört haben. Sie bot mir sogar ihren Platz an, was ich offen gesagt, sehr peinlich fand. Von da ab blieb ich ruhig auf meinem Platz sitzen. Was bedeutete, daß meine Gedanken erheblich freier wandern konnten. So wollte ich plötzlich wissen, was Lufthansa bedeutet. ›Luft‹ wußte ich, aber ich hatte keine Ahnung, was ›Hansa‹ bedeuten sollte. Auch mit vielen Mühen kam ich nicht darauf. Da saß ich also in einer Flughöhe von gut 10 Kilometern bei einer Geschwindigkeit von 700 km/h, versuchte, ein Auge zuzumachen, doch vergeblich.

Schließlich vergaß ich das Wort ›Hansa‹ wieder. Auf der Suche nach weiteren interessanten Gedanken stolperte mein Verstand plötzlich überraschend über die Versicherungspolicen, was mich an die Viertelmillion Dollar erinnerte! Eine ungeheure Summe, aber wofür? Wenn alles in Ordnung geht, bleibt doch alles nur Makulatur. Ich trank noch einen Schluck Bier und schloß die Augen.

Keine Ahnung, wie viel Zeit verging, doch plötzlich stand eine Gruppe von maskierten Männern vor mir. Sie hielten etwas in den Händen. Terroristen? Dieser Gedanke flackerte mir nur kurz durch den Sinn. Kurz darauf gab es einen großen Knall, und wir wurden alle durch den Raum geschleudert. Ich sah meine linke Hand mit einer Titan-Armbanduhr am Gelenk, die in einiger Entfernung vorbeischwebte und noch immer die Bierdose hielt. Mein Schädel explodierte. Mein

Mund war schmerzverzerrt, weil ich nicht an das Bier kam. Bei dieser Halluzination hatte ich wahrscheinlich die Augen offen, und ich genoß jeden einzelnen Moment. Mir war, als wollte ich diesen Traum niemals zu Ende träumen.
Es war eine erstaunliche Erfahrung, wie ein gasgefüllter Ballon in Gesellschaft weiterer solcher Objekte umherzuschweben. Rings um mich herum tönte die zauberhafte Musik von Bach, Beethoven und Ravi Shankar. Die ganze Episode schien wie direkt aus einem Bergman-Film entsprungen.
Selbst unter solchen chaotischen Umständen folgten die Körperteile und Gepäckstücke der Newton'schen Physik und sanken nach unten. Plötzlich griff meine rechte Hand nach der Tasche; ich ließ schließlich die Bierdose los; die Hand öffnete den Reißverschluß an der Tasche, und meine Finger suchten nach der Versicherungspolice. Aber das war kein gewöhnliches Papier mehr! Das Geräusch des papiernen Blätterns erfüllte das Weltall. Neben den Papieren fand sich eine Viertelmillion Dollar.
Mein Tagtraum wurde erst durch die Ankündigung des Flugkapitäns beendet, daß wir uns Berlin näherten. Ich hatte nicht die Absicht, irgendwelche fiktionalen Geschehnisse in mein Tagebuch einzufügen, doch nun konnte ich der Versuchung nicht mehr widerstehen, dieses Erlebnis allen mitzuteilen.
Ich sollte zwanzig Nächte im Literaturhaus übernachten. Oben im Haus habe ich ein hübsches Zimmer mit Schreibtisch, Leselampe und Eßtisch. Es gibt eine Kochnische und ein komfortables Badezimmer. In der ersten Nacht war ich ganz begeistert von der Vorstellung, Anteil an der Geschichte zu haben, denn dieses Apartement beherbergte im Laufe der Zeit schon viele Autoren. Das Literaturhaus liegt zentral, vor dem Haus gibt es einen Garten mit einer Buche. Im Erdgeschoß befinden sich ein Café und eine Buchhandlung.
Die riesige Buche wiegte sich direkt vor meinem Fenster. In solcher Umgebung blüht der Schriftsteller auf und lebt länger.
Gestern ging ich hinaus, um einige Dinge einzukaufen. Die Märkte hier bieten eine völlig andere Erfahrung als jene daheim in Indien. Bei uns rufen die Gemüsehändler und Fischverkäufer ihre Waren aus – »gebildete Hühner mit Abschluß«, ein anderer bietet »bullet 303« an, usw. Für mich ist ›bullet‹ grüner Chili, und die ›gebildeten Hühner‹ meinen Tiere von der Geflügelfarm. Meiner Meinung nach ist dieses Zuchtgeflügel längst nicht so schmackhaft wie ›desi‹-Hühner, also vom Land. Auf asiatischen Märkten entwickelt sich zwischen Stammkunden und Verkäufern ein besonderes Verhältnis. Hat man zum Beispiel nicht genügend Geld dabei, so läßt sich das auch später noch klären. Im krassen Gegensatz dazu ist in Europa alles mit Strichcode versehen, und das gesamte System basiert auf

Maschinen. Das scheint sogar für die Menschen hinter den Verkaufstresen zu gelten. Ihr Gruß, ihr Lächeln, all das scheint wie maschinengemacht.

Alle Preise sind in Euro ausgezeichnet, und im Geiste rechnete ich das alles ständig in die indische Währung um. Offenkundig sind die Preise für Waren und Dienstleistungen in Indien erheblich niedriger. Was die Deutschen für billig erachten, ist in Indien noch erheblich billiger. Damit meine ich solche Dinge wie Milch, Butter, Würstchen usw.

Der McDonald's in Berlin gilt als relativ preiswert; für 3 Euro kann man buchstäblich eine ganze Mahlzeit zu sich nehmen. Für einen Inder wie mich entspricht das etwa 150 Rupien. In Kolkata bekomme ich eine große Portion ›biriyani‹ für gerade mal 50 Rupien.

Bioprodukte gelten als qualitativ hochwertig, entsprechend hoch sind auch die Preise. So kostet zum Beispiel ein Bio-Ei doppelt so viel wie eines von der Geflügelfarm. Als ich nach dem Grund dafür fragte, meinte eine junge Frau neben mir: »Biohühner sind glückliche Hühner, und ihre Eier schmecken wirklich gut.« Sieht ganz so aus, als stecke Europa mitten im biotechnologischen Wirbelsturm.

Heute ist Sonntag. Berlin erwacht nur langsam, und auch ich habe verschlafen. Gestern Abend gab es im Literaturhaus eine Feier zu Ehren des 20-jährigen Bestehens. Ich hatte eine Einladung dazu erhalten. Das Fest begann um 18 Uhr; ich hatte zwar solche Festivitäten schon in Filmen gesehen, doch diesmal war ich zum ersten Mal im Leben selbst dabei. Die Gäste kamen bei Sonnenuntergang, und mir fiel auf, daß die meisten um die 50 waren. Jüngere Generationen interessieren sich heutzutage nicht für solche Ereignisse, wie es scheint. Aber das ist bei uns daheim ja auch nicht anders.

Man konnte deutlich erkennen, daß einige der Teilnehmer zu den ›Denkern‹ zu rechnen waren. Die Runzeln auf ihren Stirnen und die Konturen ihrer Gesichter verrieten sie. Wahrscheinlich schauen Intellektuelle auf der ganzen Welt ähnlich aus, ganz gleich welcher Nationalität.

Es wurde Wein serviert, auch das für mich ein Novum. Bei ähnlichen Veranstaltungen in unserem Land servieren wir Tee und leichte Erfrischungen. Die Gäste – darunter Schriftsteller, Kritiker und andere Berühmtheiten der literarischen Szene – standen auf dem Rasen in Grüppchen beisammen und diskutierten über alles Mögliche. Ab und zu fiel Eichenlaub auf die Besucher, und die Strahlen der untergehenden Sonne küßten die Versammlung. Pünktlich um 18 Uhr begannen die Feierlichkeiten mit einer Rede von Ernest Wichner, dem Direktor des Literaturhauses. Ich kann kein Deutsch, doch konnte ich erkennen, daß es in seiner Ansprache um das bisher Geleistete und die Aussichten für die Zukunft ging.

All dies war wohl hin und wieder mit humorigen Bemerkungen gespickt, denn immer wieder lachten die Zuhörer.
Der nächste Sprecher war Egon Ammann, ein Verleger aus der Schweiz, gefolgt von Antonio Fian, einem Österreicher, der aus einem literarischen Werk las. Dann war Bora Ćosić an der Reihe, ein Serbe, der nun in Deutschland lebt. Ich konnte den Reden nicht folgen, blieb aber bis zum Ende. Die Feier war ganz informell. Eine solche Umgebung, in der die Menschen miteinander kommunizieren, Bemerkungen machen und lachen, war für mich eine angenehme Erfahrung.
Das Literaturhaus dient der Förderung der literarischen Arbeit, weckt das öffentliche Interesse für verschiedene Bücher, Journale und andere Arbeiten. Zwar stellt es verschiedenerlei veröffentlichte Werke vor, doch ist die Trägergesellschaft selbst nicht an deren Veröffentlichung beteiligt. Die Rolle des Hauses besteht hauptsächlich darin, das Interesse der Leser zu wecken. Auch Ausstellungen stehen auf dem Programm des Literaturhauses. Im Augenblick gibt es dort zum Beispiel eine Ausstellung zu Samuel Beckett. Ständig sehe ich Sabine Büdel mit einigen anderen Mitarbeitern im Haus arbeiten. Für morgen, den 18. September, steht eine Veranstaltung zu Naipaul auf dem Programm.

Ulrich Peltzer
Ein Fehler ...

Ein Fehler, daß sie mitgekommen war. Daß sie sich von Zechbauer bei der Arbeit hatte überreden lassen, daß sie in seinem Wagen in die Stadt zurückgefahren war, daß sie ihn nach der Lesung, die den Saal bis auf den letzten Platz füllte, noch in das Restaurant begleitet hatte. Sie saß auf heißen Kohlen, eingezwängt zwischen dem schnauzbärtigen Veranstalter und einem beflissenen jungen Mann, der ihr als sein Assistent vorgestellt worden war. Grotesk, dachte sie, und ein anderes Wort fiel ihr nicht ein, eine groteske Situation, in die sie sich hatte hineinziehen lassen. Als sei es ihr unmöglich gewesen, abzulehnen, zu sagen, danke für die Einladung, aber ich habe schon etwas vor, leider. Zumindest nach Ende des öffentlichen Teils, der Lesung (irre Texte, er hatte nicht zuviel versprochen), den alten, grobkörnigen Filmen aus Gaddis' Familienarchiv, die er mit einem Beamer an die Stirnwand des Saales im ersten Stock projiziert hatte. Und wie er die Stimmen verkörpert hatte, als seien es Rollen, die er auf einer Bühne spielte, Charaktere, die mit ihren Macken und Manien durch seine Vortragsweise greifbar plastisch wurden. Ein Schauspieler eben, großer Beifall; selbst Pfiffe, wie nach einem Konzert.

Mehrfach versuchte der junge Mann, ein Gespräch zu beginnen, aber er traf auf jemanden, der mit seinen Gedanken nicht präsent war. Ja und nein, am Colaglas nippen, sich fragen, worin jetzt und hier die Schwierigkeit besteht, sich zu verabschieden (bis nächsten Dienstag dann) und zu gehen. Obwohl sie noch Zeit hatte, das war es nicht. Auch nicht Furcht vor der Aktion, oder etwas ähnliches. Feigheit vor dem Feind, die man mit theoretischen Konstruktionen bemäntelte. Und trotzdem, als klebte sie auf ihrem Stuhl fest, inmitten von Leuten, die ihr schnuppe waren. Countdown, dachte sie, drei Minuten abwärts. Zechbauer schrieb ein Autogramm in das Booklet einer CD, die eine Verehrerin ihm hinhielt, dem Veranstalter wurde das Essen serviert. Er ächzte vernehmlich, als er die Serviette entfaltete und auf seinem Schoß drapierte, vor dem ersten Bissen spülte er sich den Mund mit seinem Rotwein aus. Kauen und schmecken, abermals ächzend schnitt er das Rumpsteak an. Einundzwanzig Euro, ohne Beilage. Tschüss, sagte sie zu dem jungen Mann und ging um den langen Tisch zu Walter Zechbauer.

»Sie wollen uns verlassen?« – Nele setzte ein Lächeln auf und nickte. – »Sie sind natürlich eingeladen«, sagte er und gab ihr die Hand. – »Danke.« –

»Ich bitte Sie.« – »Dann bis Dienstag«, sagte Nele und machte, daß sie wegkam.

Sema Kaygusuz
Die Uhr der fließenden Zeit

Donnerstag, 25. September 2008
Berlin – Die Uhr der fließenden Zeit
Seit meiner Ankunft in der Fasanenstraße kann ich an nichts anderes denken als daran, wie unterschiedlich es ist, eine Stadt aus der Nähe zu betrachten oder in sie einzudringen. Für jemanden, der in verschiedenen Ecken der Türkei gelebt hat und an keinem dieser Orte jemals im wahrsten Sinne des Wortes seßhaft werden konnte, ist dies das nur allzu bekannte Gefühl eines Provisoriums. Hinschauen und vorbeigehen, den Blick nicht verweilen lassen können, eine bekannte Einsamkeit... Als sei das Gefühl des Fremdseins eine oft frequentierte Pension und ich hätte mich wieder in der Heimatlosigkeit einquartiert. Dem Blick in den Stadtplan widerstehend, von den Plätzen aus über einen der breiten Boulevards in eine endlose Straße einzutauchen, gezielt zu verschwinden versuchen, ruft Erinnerungen an meine Kindheit in mir wach. Ich habe mich derart daran gewöhnt, mich nicht zu gewöhnen, daß ich verwinkelte Wege einschlage, um nicht noch einmal durch die gleiche Straße zu gehen.
Zum Glück gibt es Bäume. Berlin ist sehr grün. Wohin ich auch gehe, empfangen einen Linden wie nahe Verwandte. Je mehr ich mir die Bäume betrachte, die die Straßen wie dunkelgrüne Gürtel umschließen, und den malerischen Anblick des rötlichen wilden Weins, der die Wände überwuchert, umso ruhiger werde ich. Seit ich angekommen bin, läßt meine Langeweile nach. Aus unerfindlichem Grund habe ich keine Scheu vor Berlin. Es ist genügend labyrinthhaft und groß genug, um darin zu verschwinden. Weit genug entfernt von meinem Heim, das ich mir nicht habe schaffen können... Zudem verbirgt die Stadt auch nicht ihre Wunde. Der durch die Bombardierung halb eingestürzte Turm der Gedächtniskirche, unter dem Bettler und Straßenmusiker ihre Plätze aufschlagen, um den Menschen herumspazieren, die gerade etwas aus der Hand essen, ragt aufrecht empor, als wolle er uns beibringen, daß es unmöglich ist, das Gefühl der Trauer, das sich im Menschen einnistet, preiszugeben. Er sagt außerdem, daß wir wie im Feuer gebrannte Ziegel miteinander verwoben werden können, um die Wunde wie das Gedächtnis höchstselbst zu tragen.
Man bat mich, hier ein Tagebuch zu schreiben. Ein von der Öffentlichkeit einsehbares Schriftstellertagebuch. Aber ich besitze doch nicht das Auge eines Schrift-

stellers, als daß ich schauen könnte, als würde ich schreiben. Der Gedanke, zu schauen um zu schreiben, ist beunruhigend. Mir erscheint es, als würde ich selbst eingreifen in den automatischen natürlichen Fluss und meine Sinne domestizieren. Im Prinzip lehrt mich mein Auge das, was ich weiß. Nur was ich im Inneren weiß, sehe ich draußen. Ist die leere Seite der einzige Raum, der mir gehört, dann missfällt mir die Idee, daß ich diesen Raum, den ich nächtelang mit Buchstaben versehe, aus Pflichtgefühl in einen Rahmen spanne. Am besten schreibe ich dir, Liebling. In Berlin, einer Stadt, die das Sehnen kennt, möchte ich die Atmosphäre der Sehnsucht nach dem Geliebten schaffen. Ich möchte jeden glauben machen, wie die Zeit, die ich verbringe, auf einem Ziffernblatt ohne Ziffern dahintickt. Hier möchte ich herausfinden, welche geometrische Form das Heimweh nach dir annimmt. Aber sei dir bewußt, daß ich den Weg, wie ich den Text meinen Gefühlen angemessen formuliere, noch nicht gefunden habe. In mir steckt ein stiller Ort ohne Buchstaben, der seine Worte einfach nicht formen kann.

Womöglich bist auch du
die Musik des Unhörbaren.
Daraus erwächst diese ganze Stille.

Apropos Zeit, gestern fand ich eine Uhr. Ich sage das, als hätte ich jene Uhr selbst entdeckt, aber »Die Uhr der fließenden Zeit« weckt in einem in der Tat ein solches Entdeckergefühl. Zwischen den Souvenirläden des Europa-Centers tauchte sie wie ein surreales Etwas urplötzlich vor mir auf. Die an ein riesiges Spielzeug erinnernde Uhr hatte man in einem unaufhörlichen Zeitfluss versteckt. Anstelle des Tickens war nur ein Wassergeräusch zu vernehmen. Gemäß verrückter physikalischer Berechnungen wurde in feinen Glasröhren grünes Wasser nach oben und unten gepumpt und gepreßt und fügte der Zeit, in der ich mich befand, tropfenweise die Fähigkeit zu fließen hinzu. Auf die Geländer des Einkaufszentrums gestützt beobachtete ich die im wahrsten Sinne des Wortes fließende Zeit. Die Minuten füllten sich in den Glasröhren, die vollen Stunden in den Glaskugeln. Als würde sie sich einen Scherz mit dem modernen Aussehen des Europa-Centers machen, das an die Stelle des alten Romanischen Cafés, eines Treffpunkts dadaistischer Künstler in den 1920er Jahren, errichtet worden war, nahm die Uhr im Gegensatz zu einer Digitaluhr einen wer weiß wievieltausendfachen Raum ein. Im Angesicht der fließenden Zeit dachte ich wieder an dich. Laß uns einmal gemeinsam hierher kommen. Ich möchte mir mit dir zusammen 3 Uhr anschauen, wenn der Tag sich langsam dem Ende neigt, das Licht allmählich nachläßt. Die

Sekunde, in der sich die Kugel, die 3 Uhr anzeigt, mit grüner Flüssigkeit füllt, möchte ich als perfekten Moment in unserer Geschichte festhalten. Ich sage das nicht nur so dahin. Wenn ein Wunsch aufgeschrieben wird, muß man daran glauben. Wenn ich sage, daß wir gehen, dann gehen wir auch.

Alan Pauls
Kein Experiment ohne Vertrag

7. September 2010
ich mißtraue blogs, und jetzt verpflichtet mich ein vertrag, selbst an einem mitzuwirken. was ich wegen des »obligatorischen« charakters der sache verliere, gewinne ich aber vielleicht durch ihre »experimentelle« dimension: das mißtrauen soll nichts sein, was dich von einer ausdrucksform fernhält, sondern die kraft, die dich antreibt, sie auszuprobieren.

einmal mehr die bestätigung, daß es kein experiment gibt ohne vertrag.

der norden europas und die berühmte lakenfrage (oder lakenlosigkeitsfrage). beim ankommen im gästezimmer des literaturhauses eine szene der erstarrung und verlangsamung wie aus einem kaurismäki-film: ich in stummer betrachtung des fast japanischen *settings* eines weißen betts mit nur einer ebenfalls weißen, sauber mittig gefalteten decke, ohne unterziehlaken, und meine gastgeber, die mit einem gewissen ängstlichen respekt meiner betrachtung zuschauen, als fürchteten sie, mich träfe gleich der schlag. aus scham, aber auch aus müdigkeit (ich bin den ganzen tag gereist, hatte in frankfurt den anschluß verpaßt, habe hunger; alle sind liebenswürdig und zurückhaltend, eine kombination, für die man gar nicht dankbar genug sein kann) verzichte ich darauf, die überzeugenden, aber heillos exotischen argumente zu reaktivieren, die ich vor zwei jahren in brüssel bemüht hatte, um mich gegenüber meinen damaligen gastgebern, ebenso verblüfft wie jetzt die deutschen, dafür zu rechtfertigen, daß ich unbedingt in einem Bett mit unterziehlaken schlafen muß, in einem Bett, das nicht nur meinem schlafasyl gewähren, sondern mich *umarmen* soll. ich erinnerte mich an das obszöne beispiel, das ich in brüssel benutzte, weil ich es für total schlagend hielt: unter einer decke ohne laken schlafen sei wie eine hose ohne unterhose tragen. sanftes monster. aber auch sanfte monster sind lernfähig. diesmal sagte ich nichts, behielt es lieber für mich. behielt es für *das hier*, was vielleicht kein tagebuch ist, auch kein bericht oder logbuch der ereignisse, eher eine armselige kleine börse, in der man die münzen verwahrt, die »im leben« unbenutzt blieben, die es aber stumm zu begleiten verstanden.

schnell entdecke ich das wesentliche des blogs: nicht seinen ton, nicht sein gesetz, sondern seinen helden. *es ist der, der die sprache nicht spricht.*

literaturhaus. wie könnte die literatur ein haus sein? war sie nicht die unbehaustheit? fatale, sogar wünschenswerte spannung zwischen dem, was die literatur »ist«, und dem, was sie nach dem willen der literarischen institutionen sein soll. [...]

10. September 2010
ich wohne im literaturhaus, aber mit der zeit gewöhne ich mich daran, den dienstboteneingang zu benutzen, der durch die küche des hauseigenen restaurants führt. wenn ich komme oder gehe, muß ich jedesmal ausweichen, um den kellnern mit tellern oder den küchenhilfen mit gemüsekörben nicht ins gehege zu kommen. ich empfinde ein leichtes schuldgefühl, als wäre ich hier der einzige in zivil, der einzige, der nicht arbeitet, der kommt und geht, wann es ihm paßt. aber immer wenn ich – mittlerweile fast nur noch aus versehen – den luxuriösen haupteingang benutze und das hundertjährige parkett zum knarzen bringe und die rotbeläuferten stufen hinaufsteige, fühle ich mich fehl am platz, wie ein eindringling, ein fremdling. der »platz« des schriftstellers.

s. leiht mir ein handy, das gleiche nokia für *dummies*, das zu benutzen ich – jahrelange sture handyverweigerung über bord werfend – vor wenigen wochen in buenos aires eingewilligt hatte. ich kaufe eine sim-karte (euro 19,90), warte ein paar stunden auf ihre aktivierung, kämpfe mit deutschen sätzen (nicht auszumachen, ob sie mich willkommen heißen oder abweisen). als schließlich alles in ordnung zu sein scheint und ich einen ersten anrufversuch starten will, lande ich im telefonspeicher von s. und entdecke den namen meines vaters: *axel.* bevor ich etwas denke, denkt es in mir abgründige gedanken: warum hat s. die nummer meines toten vaters und ich nicht? ich wähle, ein anrufbeantworter meldet sich, ich hinterlasse keine nachricht. mein vater soll sich wegen mir keine sorgen machen. [...]

15. September 2010
[...] nachts, auf dem rückweg ins literaturhaus. ich fahre mit dem rad auf dem bürgersteig der kleiststraße – einem breiten und um diese zeit fast menschenleeren bürgersteig –, und eine alte frau, die mir entgegenkommt, fährt aus ihrer vegetativen versunkenheit hoch und brüllt, außer sich, ich solle mit dem rad runter auf die straße, wie ein winziger, dem altenheim entsprungener hulk.

es gibt gigantische freiflächen an den zentralsten stellen der stadt, ganze komplexe urbanen gewebes, die verschwunden sind und an deren stelle neues zu setzen niemand gewillt scheint. kein fieberhaftes über den haufen werfen. kein wunsch, etwas zuzudecken oder zu vertuschen. eine gewisse konstatierende rohheit –

so ist es –, ungeschützt, an der der zahn der zeit nagen wird, ohne ihr form zu verleihen oder sie zu ästhetisieren; er wird sie höchstens liebenswert machen: zivilisieren.

zu den dingen, die mir am meisten gefallen und die dem von bürgermeister wowereit geprägten slogan *arm aber sexy*, glaube ich, am meisten ehre machen, gehört die beleuchtung der stadt. sie ist spärlich, moderat, gedämpft – sogar an besonders spektakulären oder symbolträchtigen orten. als würde man sie rationieren. viertel wie kreuzberg haben anscheinend eine straßenbeleuchtung wie vor dreißig jahren. deprimierend? im gegenteil: die straße entlangzugehen, ist ein verstohlenes unterfangen: schatten, geflüster, das geräusch eines plötzlich heranrauschenden fahrrads, das aufflammen eines feuerzeugs. alles hat die erstickte exaltiertheit des klandestinen.
[…]
der die sprache nicht spricht, ist nicht stumm, sondern taub. gedacht, nachdem ich nachts ins zimmer zurückkehrte, die im garten rauchenden köche grüßte, dann dem schloss mit dem schlüssel zu leibe rückte – ich war nicht betrunken: auch hier gibt es wenig licht –, und nach sekundenlangem kampf merkte, daß der klang, der durch die luft flog und auf den ich aus taubheit nicht achtete, ein signal war, eine mir zugedachte großzügigkeit. *offen*, wiederholte einer der köche und zeigte mir, daß die tür, die ich aufschließen wollte, gar nicht verschlossen war. beschämt (nicht wegen meiner schusseligkeit: sondern weil ich nicht gleich zu empfangen vermocht hatte, was man mir gab), drehe ich mich kurz um, danke und flüchte die treppe hinauf, umweht von den resten einer in der küche verdunstenden brokkoli-wolke.

insularität des fremden. der die sprache nicht spricht, ist ein spion, ein schmuggler. sein leben entbehrt nicht der spannung. in welchem moment muß er unweigerlich gestehen, wer er ist? wann verraten, daß er die sprache nicht spricht?

17. September 2010
[…] beim radfahren mit st. frage ich ihn irgendwann, in welchem gang er ist, und er lacht spöttisch. »argentinier! dasselbe fragt mich 1. auch immer: ›in welchem gang fährst du?‹ es ist wie beim auto! die gänge hängen von der geschwindigkeit ab, mit der du unterwegs bist, ob du eine steigung hoch oder runter fährst, usw.« fahrrad-kultur. ich erkläre ihm, daß ich keine habe. in argentinien war das fahrrad für leute meiner generation ein mittel kindlicher und jugendlicher fortbewegung, das für immer in der ecke landete, sobald man auto fahren gelernt hatte. eine primi-

tive phase (wie vorher dreirad fahren oder krabbeln), welche die evolution, wenn sie korrekt verlief, hinter sich lassen mußte. nur einige überzeugte anhänger der umweltbewegung, die das rad zu ihrer kulturpolitischen gallionsfigur machten, durchkreuzten den linearen evolutionsverlauf und kehrten als erwachsene zum rad zurück.

keine frage: berlin ist die ideale stadt zum rad fahren. der radfahrer ist hier ein unangefochtener held, unangreifbar: er ist abgasfrei, gesund, sympathisch, energiesparend, souverän… er hat sogar das recht, fußgänger umzunieten, die ihm den radweg streitig machen. er reißt sich natürlich zusammen, betätigt seine putzige hupe und läßt oft wie eine moralische standpauke die fragliche verhaltensmaßregel auf den zerknirschten gesetzesübertreter niedersausen, die dieser mißachtet hat, zieht seiner wege und verschwindet in der ferne wie im western die cowboys.

aber ich sehe auch schon fußgänger, die mürrisch schnaubend vor radwegen halt machen und die heranrauschenden radfahrer voller groll anstarren, in gedanken offenbar bei dem nicht allzu fernen moment, wo sie ihrer tyrannei ein ende setzen werden. […]

22. September 2010

[…] es ist insgesamt sehr ruhig, die lautesten geräusche aber hört man ganz früh morgens. heute, am donnerstag, weckt mich ein angestellter von dieter fuhrmann, der mit ungestrafter jovialität ein wägelchen voller flaschen den bürgersteig die fasanenstraße entlang schiebt, auf der östlichen, der holprigeren seite, das er dann mit einer hebebühne in einen hübschen lastwagen hievt – weiß, auf einer Seite mit zwei aufgemalten roten kirschen – und schließlich seine ladung – hunderte verschreckter glasflaschen – in eine gefräßige maschine entlädt, die zwar das recycling-problem gelöst hat, aber noch nicht das der lärmentwicklung. alles geschieht zwischen sieben und sieben Uhr fünfundvierzig. um sieben uhr zweiundfünfzig bin ich auf den beinen. […]

24. September 2010

[…] im kaiser's (wie der titel meines debüts als drehbuchautor für eine deutsche tv-sitcom lauten müßte). der wärmste tag im september. ich warte darauf, meine flasche prosecco, meine vier cola light und mein halbes pfund pfirsiche zu bezahlen. vor mir versucht ein etwa fünfzigjähriger obdachloser zwei kleine flaschen bier zu bezahlen. mütze, schal, lederjacke, schwarze jogginghose, schuh-pantoffeln (mit runtergetretenen fersen). zeit vergeht. er beklagt sich laut: »ich komme oft her, und immer behandelt man mich wie einen fremden.« er hat dem kassierer alle seine münzen hingeschüttet. er redet weiter vor sich hin, dreht sich aber irgendwann etwas in meine richtung, und ich fühle mich angesprochen. was er gesagt hat, verstehe ich nicht und frage – das hohe bildungsniveau eines durchschnittlichen berliner obdachlosen voraussetzend – auf englisch, dicht an seinem ohr: »wie viel brauchen sie?« der typ beginnt zu lachen und antwortet auf englisch: »bitte sehr, war nur ein witz!« er fragt, woher ich komme, während er so tut, als suche er in seinem portemonnaie nach dem geld, von dem er weiß, daß er es nicht hat – obwohl einige bankkarten zum vorschein kommen. »ich hoffe, sie haben es nicht eilig«, sagt er und startet eine langsamere und peniblere suche. er schiebt die hand in die tasche seiner lederjacke und macht dabei ein geräusch, als griffe er in lauter plastiktüten. »früher oder später werde ich fündig werden….«, sagt er. zu viel zeit vergeht. ich frage ins leere: »wie viel fehlt?« »fünfzig cent«, sagt der kassierer. ich lege eine 50-cent-münze aufs band. der obdachlose erzählt mir, er lebe hier im viertel, er treibe sich ständig hier rum, jeder kenne ihn. und wenn wir uns das nächste mal träfen, würde er bezahlen. »im ernst«, sagt er, »denken sie daran.« ich sage, ich würde ihn beim wort nehmen. er packt seine bierflaschen, droht damit zu gehen, bleibt stehen und sieht mich wieder an: »ich würde mit ihnen weggehen«, sagt er, »aber… ich bin pleite!« als er geht, frage ich den kassierer, ob er ihn kenne. »ich sehe ihn zum ersten mal in meinem leben«, sagt er. »er führt sich auf, als sei er die große nummer hier im viertel.« »dann wird es wohl so sein«, sagt der kassierer. es macht 10 euro 50. ich bezahle mit einem zwanziger. »haben sie keine fünfzig cent?«, fragt der kassierer.

coda: als ich aus dem kaiser's komme, hat sich der obdachlose die biere unter den arm geklemmt und feilscht mit der besitzerin eines second-hand-ladens an der ecke um den preis einer lederweste.

Abb. 10: Kurfürstendamm Ecke Joachimtaler Straße, um 1950. Foto anonym [*Slg.* G.K. Bose].

Freundeskreis des Literaturhauses Berlin

Im Literaturhaus ist seit 1999 ein Freundeskreis tätig, der das breit gefächerte Programm des Literaturhauses und seine Position im Öffentlichen nicht nur mit finanziellen Beiträgen und Aktivitäten unterstützt, sondern sich auch für eine Verbreitung lebendiger literarischer Kultur einsetzt. Dieser Kreis von Literaturfreunden und professionell Schreibenden will mit seinem Engagement dazu beitragen, daß sich das Literaturhaus als auratischer und unverzichtbarer Ort zeigt und erleben lässt, an dem man sich gerne aufhält, um in die Kunst der Wörter einzutauchen und dabei Entdeckungen zu machen, die anregen und weiterwirken.

Mehrfach im Jahr findet das *dîner littéraire* des Freundeskreises statt: Eine festliche Tischrunde der Literatur im Kaminraum. Neben den Lesungen werden auch Vorträge und Gespräche über neue Forschungen und Formen des Schreibens, an denen Mitglieder aus unserem Freundeskreis arbeiten, stattfinden. Darüber hinaus laden wir zu Exkursionen und ausgewählten Filmen ein und informieren über Ausstellungen und Symposien, die besondere Einblicke in das literarische Leben in und um Berlin ermöglichen.

Zum 25. Jubiläum gratulieren wir unserem Literaturhaus mit viel Sympathie und dem Wunsch, daß sich die literarische Ausstrahlung und Vernetzung des Literaturhauses auch in den nächsten Jahren erweitert und intensiviert. Deshalb hat der Freundeskreis die hier vorliegende Broschüre finanziell unterstützt und mit Ideen bereichert.

Wir freuen uns, wenn Sie Mitglied werden und sich gemeinsam mit uns engagieren wollen. Schon mit einer jährlichen Spende von 60 Euro können Sie die Arbeit des Literaturhauses fördern und dabei sein. Rufen Sie uns an: Tel: 030 / 887 286 0 oder schreiben Sie uns eine Mail an foerderverein@literaturhaus-berlin.de – wir schicken Ihnen gerne ein Anmeldeformular.

Mit herzlichem Gruß,
Ihre INGRID L. ERNST [Vorsitzende]
Verein der Freunde und Förderer des Literaturhauses e.V.
c/o Literaturhaus Berlin, Fasanenstr. 23, 10719 Berlin

Kolofon

2011 | Literaturhaus Berlin | Gestaltung: LMN-Berlin.com [Günter Karl Bose]
Druck + Bindung: Hausstaetter Herstellung Berlin | ISBN: 978-3-926433-53-4

Die Fotos des Literaturhauses und des Gartens hat ANDRÉ KOEHLER im April 2011 mit einer Großformat-Plattenkamera aufgenommen.

Nachweise

_FRANZ TUMLER: Fasanenstuben. Demnächst ein neuer Name. Aus: *Berlin wie es schreibt und ißt*, München 1967

_H. C. ARTMANN: Nr. 40 / Aus der *Renshi-Dichtung*, die Makoto Ooka, Shuntaro Tanikawa, H. C. Artmann und Oskar Pastior im November 1987 im Literaturhaus Berlin erarbeitet haben.

_WERNER KOFLER: Verdeckte Selbstbeobachtung. Aus: *Hotel Mordschein. Verdeckte Selbstbeobachtung*, Wien 1989.

_JENS JOHLER: Im Literaturhaus. Aus: *Litfaß, Berliner Zeitschrift für Literatur*, Heft 58, Berlin 1993.

_SARAH HAFFNER: Die Bürgerinitiative. Aus: *Eine andere Farbe. Geschichte meines Lebens*, Berlin 2001.

_JOY MARKERT: Menschen vor Vitrinen. Ausstellungsprosa. Einzelne Stücke wurden im SFB und RBB gesendet. Typoskript von 2001.

_BORA ĆOSIĆ: Komödie der Irrungen. Aus: *Lettre International*, Heft 52, Berlin 2001. Aus dem Serbischen von Alida Bremer.

_NORA IUGA: Fasanenstraße 23. Ein Sommer in Berlin. Aus: *Fasanenstraße 23. O vara la Berlin*, Bukarest 2001. Aus dem Rumänischen von Ernest Wichner.

_BORA ĆOSIĆ: Straßenunruhen. Aus: *Die Toten. Das Berlin meiner Gedichte*, Berlin 2001. Aus dem Serbischen von Irena Vrkljan und Benno Meyer-Wehlack.

_HERTA MÜLLER: Collage. Unter dem Titel *Spricht man bei euch am Tisch Fasanisch* zeigte das Literaturhaus Berlin vom 5. September bis 3. Oktober 2003 eine Ausstellung mit Collagen von Herta Müller. Die Collage auf S. 136 entstand am 29. März 2003.

_LATIFA BAQA: Tagebuch. Entstanden im Rahmen von MIDAD, einem arabisch-deutschen Stadtschreiberprojekt, 2004. Aus dem Arabischen von Imke Ahlf-Wien.

_SWAPNAMOY CHAKRABORTI: Gebildete Hühner mit Abschluß. Tagebuch, entstanden im Rahmen von AKSHAR, einem indisch-deutschen Stadtschreiberprojekt, 2004. Aus dem Englischen von Peter Torberg.

_ULRICH PELTZER: Ein Fehler, daß sie mitgekommen war. Aus: *Teil der Lösung. Roman.* Zürich 2007.

_SEMA KAYGUSUZ: Die Uhr der fließenden Zeit. Tagebuch, entstanden im Rahmen von YAKIN BAKIS, einem türkisch-deutschen Stadtschreiberprojekt, 2008. Aus dem Türkischen von Monika Demirel.

_ALAN PAULS: Kein Experiment ohne Vertrag. Tagebuch, entstanden im Rahmen von RAYUELA, einem argentinisch-deutschen Stadtschreiberprojekt, 2010. Übersetzt von Christian Hansen.

Wir danken den Autoren und ihren Verlagen für die freundliche Gewährung der Abdruckrechte.

Die Karte Seite 12 und 13 ist dem *Baedeker. Handbuch für Reisende. Berlin und Umgebung* [17. Auflage 1912] entnommen, die Karte auf Seite 50 dem *Pharus-Plan Berlin* 1934, der Plan Seite 78 stammt aus dem *Baedeker. Reisehandbuch Berlin* [24. Auflage 1966].

234 STRASSENVERZEICHNIS.

	B	R	G		B	R	G
Esmarchstr. *NO*		33		Frankfurter Straße,			
— (Zehlendorf) . **V**	A 6			Große *O (21-126 NO)*	.	32	
Esplanade (Pank.) .	25			— —, Kleine *NO*. .	.	29	
Essener Str. *NW*.	.	11		— Tor	.	35	
Euler-Str. *N*	22			Franklinstr. (Char.)	.	8, 11	
Exerzierstr. *N*. . . .	16			Franseckistr. *N* u. *NO*	30		
Eylauer Str. *SW*. .	.	.	21	Franzensbader Str. *G*	.	.	46, 3
				Französische Str. *W* I	.	22	
Fabeck-Str. (Dahl.) **V**	A 4			Fraunhoferstr.			
Falckensteinstr. *SO*.	.	.	35,34	(Char.)	.	7	
Falkenberger Str.				Fregestr. (Stegl.) . **V**	D 3,2		
(Weis.).	40			Freiarche, Untere .	.	10	
Falkplatz *N*	26			Freiarchenbrücke,			
Fasanenstr. *W*. . .	.	10	11,10	Obere	.	.	35
Fasanerieallee . . .	.	13		Freienwalder Str. *N*	22		
Fehmarnstr. *N* . .	15			Freiligrathstr. *S*. . .	.	.	26
Fehrbelliner Platz				Freisinger Str. *W* .	.	.	14
(Wilm.)	.	.	5, 8	Friedbergstr. (Char.)	.	.	1
— Straße *N* . . .	27	27		— (Dahl.) . . . . **V**	A 5		
Feilnerstr. *SW*. . .	.	.	25	Friedeberger Str. *NO*	.	33	
Feldstr. *N*.	24			Friedelstr. (Neuk.) .	.	.	32,33
— (Stegl.) . . . . **V**	D 3			Frieden-Str. *NO*. .	.	30,32	
Fennstr. *N*.	18			Friedenau . . . . **V**	C D 2		
Ferdinandstr. (Lich.)				Friedensallee. . . **I**	.	20	
V	D 7			Friedenthalstr.			
Feuerbachstr. (Stegl.)				(Schmar.) . . . **G**	.	.	46,43
V	D 3			— („) . . . . . **V**	A 2		
Feuerwehr, Hauptw.	.	.	25	Friedrich-Brücke . **I**	.	26	
Feurigstr. (Schön.) .	.	.	15,18	— -Platz (Lich.) . **V**	A 6		
Fichte-Str. *S*. . . .	.	.	29,30	— -Str. *(1-55 u. 200-*			
— — (Stegl.). . . **V**	C 4,3			*250 SW, 56-85a*			
Fichtenberg (Stegl.) **V**	B C 4			*u. 157-199 W, 86-*			
Fidicinstr. *SW*. . . .	.	.	24	*104a u. 137-156*			
Filanda-Str. (Stegl.) **V**	D 4			*NW. 105-136 N)* **I**	.	22,23	22
Finnländische Str. *N*	25			— — (Süd). . . . **V**	E 5		
Finowstr. *O*	.	37,40		— —, Neue *C*. . **I**	.	26,29	
— (Neuk.)	.	.	36	— -Karl Platz (Char.)	.	2	
Fischer-Brücke, An				— — -Straße *O*. . .	.	37	
der *C*. . . . . . **I**	.	25		— — -Ufer *NW*. **I**	.	17,20	
— -Str. *C*. . . . . **I**	.	25		— — -Wilhelm-Hosp.	32,33	32	
Fleming-Str. (Stegl.)				— — -Platz (Fried.) **V**	D 2		
V	C 3			— — -Straße *W* . .	.	13	13
Flemmingstr. *NW*.	.	17		— — -Viktoria-Stift	.	.	38
Flensburger Str. *NW*	.	14		Friedrichs - Str.			
Fliederstr. *NO*. . .	.	29,30		(Weis.).	35,34		
Flinsberger Platz				— - Waisenhaus . .	.	.	41
(Schmar.)	.	.	3	Friedrichsberger Str.			
Flora-Platz	.	16		*NO*.	.	32	
— -Str. (Stegl.). . **V**	C D 3			Friedrichsfelder Str.			
Flotowstr. *NW*. . .	.	11		*O*.	.	31,34	
Flottwellstr. *W*. . .	.	.	19	Friedrichsgracht *C* **I**	.	25	
Föhrer Brücke . . .	15			Friedrichshain *NO*.	.	33	
— Str. *N*.	15			—, Am *NO*	.	33	
Fontane-Prom. *S*. .	.	.	26	Friedrichsruher Platz			
— -Straße . . . . **G**	.	.	48	(Stegl.) . . . . **V**	D 3		
Forckenbeck-Platz *O*	.	38		— Str. (Schmar.). **G**	.	.	2,3
— -Str. (Schmar.) **V**	A B 1			— — (Stegl.). . . **V**	D E 3		
Forst-Str. (Stegl.) **V**	B C 3			Friesenstr. *SW*. . .	.	.	24
Forster Str. *SO* . .	.	.	32	Fritschestr. (Char.).	.	2,1,4	
Frankenstr. *W*. . .	.	.	14	Frobenstr. *W*. . . .	.	.	17
Frankfurter Allee *O*.	.	35,37		Froebelstr. *NO*. . .	33		